# 看见孩子

## 儿童视角下的教师观察指导

主编◎张春炬　栗艺文

KANJIAN HAIZI
ERTONG SHIJIAOXIA DE
JIAOSHI GUANCHA ZHIDAO

北京师范大学出版集团
BEIJING NORMAL UNIVERSITY PUBLISHING GROUP
北京师范大学出版社

**图书在版编目（CIP）数据**

看见孩子/张春炬，栗艺文主编. —北京：北京师范大学出版社，2025.1
ISBN 978-7-303-26028-7

Ⅰ.①看… Ⅱ.①张… ②栗… Ⅲ.①学前教育－教学经验 Ⅳ.①G61

中国国家版本馆 CIP 数据核字（2023）第 151017 号

出版发行：北京师范大学出版社 https://www.bnupg.com
　　　　　北京市西城区新街口外大街 12-3 号
　　　　　邮政编码：100088
印　　刷：北京瑞禾彩色印刷有限公司
经　　销：全国新华书店
开　　本：787 mm×1092 mm　1/16
印　　张：12.75
字　　数：250 千字
版　　次：2025 年 1 月第 1 版
印　　次：2025 年 1 月第 1 次印刷
定　　价：49.00 元

策划编辑：罗佩珍 苏丽娅　　　责任编辑：张姗姗
美术编辑：焦　丽　　　　　　　装帧设计：焦　丽
责任校对：段立超　　　　　　　责任印制：赵　龙

# 本书编委会

**主编：**

张春炬　栗艺文

**参编：**

顾联胜　郭冬梅　王瑞莲　牛丽峰　付红红　栗彦英　张立华

陈秀清　马　倩　邢丹丹　李　芳　曹德章　刘　玉　胡　娟

童　瑶　李萌薇（排名不分先后）

在中国学前教育领域，从未像今天这样强调"儿童视角"的重要性。"向幼儿学习""向童年致敬"等已成为我国当代学前工作者的共同口号。但这些口号背后蕴含的"儿童视角"到底为何意呢？

窃以为，"儿童视角"大概包含了根基和关系两个层面。

首先，将幼儿置于我们学前教育的出发点。刘晓东教授曾指出，童年是人生的"轴心期"，它是人生的开端，也是人生的根。由此推论，"儿童视角"就是将幼儿作为我们学前教育的轴心，成为我们设计、组织和实施幼儿园一日活动的开端。

其次，修正幼儿与幼儿教师的关系。哲学家海德格尔主张成人应当追随幼儿，"与幼儿共游戏"。因此基于"儿童视角"的学前教育，不是降低幼儿教师的地位，而是确立幼儿与幼儿教师的新关系，即师幼共同成长。

在"张春炬名师工作室"的成员三年潜心研究的成果《看见孩子》一书中，我们欣喜地看到真正意义的"儿童视角"。张春炬园长及工作室成员所进行的观察，其目的就是将幼儿置于真实的幼儿园生活活动、游戏活动的中心，观察所获取的信息都将作为幼儿教师进行后续教育的出发点。与此同时，成员们深入一线，站在幼儿的视角撰写了丰富生动的观察案例，在这些案例中，成员们都重新审视了幼儿教师与幼儿的关系，"共同成长"便成了本书的关键词之一。

幼儿教师的观察，特别是对幼儿游戏的观察，已成为中国学前教育界目前聚焦的一大热点。

《3-6岁儿童学习与发展指南》为幼儿教师如何观察、了解幼儿的身心发展规律提供了导向性的指引，特别强调要珍视生活和游戏在幼儿发展中的独特价值，帮助幼儿教师认识和理解幼儿学习与发展的价值取向及其内涵。

与此同时，国家通过《幼儿园工作规程》《幼儿园教育指导纲要（试行）》和《幼儿园教师专业标准（试行）》，多次强调有效的观察是幼儿教师应具备的专业能力和首要职责。

中华人民共和国教育部 2012 年颁布的《幼儿园教师专业标准(试行)》涉及"专业知识"中关联"幼儿保育和教育知识"部分明确指出，教师应"掌握观察、谈话、记录等了解幼儿的基本方法和教育心理学的基本原理和方法"。总之，我国学前教育关联的纲领性文件倡导并深入阐述了幼儿教师需通过游戏观察来读懂幼儿、参悟教育理念的重要性。

然而，在现实生活中，学前教育一线教师如何基于《3-6 岁儿童学习与发展指南》等国家纲领性文件精神，来观察和了解幼儿的游戏呢？为此，我们将全国近千名幼儿教师作为调查对象，聚焦幼儿教师游戏观察中的"Head—Heart—Hand"这"3H"，即对幼儿教师对幼儿游戏观察的理论认知、情感接纳及实际操作进行了实证研究。结果表明：幼儿教师们都认可游戏观察对幼儿发展的重要意义、对幼儿教育的深远影响及其对自身专业成长的重要性；大部分幼儿教师在情感上也愿意对幼儿的游戏进行观察，但在实践层面幼儿教师们痛感自己观察能力的不足，因缺少游戏观察的具体方法而存在随意性，拍几张幼儿游戏的照片配上一些文字作为观察记录的为数不少。由此种种，幼儿教师对游戏观察过程及其结果的解读感到力不从心，从而较难将观察所得结果与提供符合幼儿兴趣需要、年龄特点和发展目标的游戏环创以及课程设计结合起来。因此，针对幼儿游戏等活动的观察，从概念到方法都能真正给到一线教师有参考价值的书籍就显得特别重要。

我们欣慰地看到《看见孩子》就是这样一本书。该书从观察的基本概念入手，围绕观察的理论意义、方法途径、存在的问题等进行了条分缕析；通过对基于"儿童视角"观察案例的记录、分析和综合整理，串联起一个个丰富生动的学习故事。

相信我国广大的一线幼儿教师，在读这样一本既有坚实的哲学思考又有切实可行的操作方法的作品时，一定会获益匪浅，裨益良多。是以欣以为序。

华东师范大学　周念丽

于琦璃小居

# 前　言

　　近年来，随着我国学前教育改革的不断深入，理论研究者及实践者都愈来愈关注幼儿作为独立个体的教育价值。"看见孩子""发现孩子""支持孩子"已成为当前专家学者、一线教师共同聚焦的词语，更是学前领域课程改革与教师发展的目标与方向。而教师日常对幼儿在园行为的专业有效的观察正是实现这一美好教育愿景的前提。《幼儿园教师专业标准（试行）》中更是三次提到了教师的"观察"：专业知识方面，幼儿教师要"掌握观察、谈话、记录等了解幼儿的基本方法和教育心理学的基本原理和方法"，专业能力方面，幼儿教师要"在教育活动中观察幼儿，根据幼儿的表现和需要，调整活动，给予适宜的指导"，要"有效运用观察、谈话、家园联系、作品分析等多种方法，客观地、全面地了解和评价幼儿"。可见，观察评价是幼儿教师应具备的专业知识和能力，是日常工作中的重要内容。

　　幼儿教师作为专业技术人员，除了掌握观察的基本能力和技巧，更重要的是要能够基于"儿童视角"进行观察和评价。如何以"儿童视角"对幼儿的日常行为进行客观的观察描述，进行科学正确的分析并给予支持，不仅对促进幼儿教师专业能力的提升具有重要的价值，更能帮助幼儿教师全面深入地了解幼儿、专业系统地支持幼儿的发展。基于"儿童视角"的观察不仅是教师专业能力的体现，也是科学的儿童观、教育观的要求。基于"儿童视角"不仅指教师体态的改变，还指对幼儿发展的科学认知，对幼儿游戏行为的理解和认同。只有基于"儿童视角"，幼儿教师才能看到真实的幼儿游戏，了解幼儿的发展水平，支持幼儿的发展。

　　"河北省张春炬名师工作室"作为河北省学前领域研究共同体的代表，在发展规划中明确将游戏的观察与指导作为一项重点工作，将提升幼儿教师的专业观察能力作为活动开展的目标，即"以生活教育为切入点，立足'儿童视角'，深入挖掘幼儿在园一日生活中的教育契机，引领幼儿教师在教育实践中观察学习。"几年来，成员在主持人引领下多次深入园所开展跟岗观摩及案例交流研讨活动，邀请华东师范大学周念丽教授、东北师范大学王小英教授、首都师范大学刘昊教授等专家围绕"游戏观察与评价"开展专题培训及工作坊教研,以提升成员的理论认知与实践反思能力。同时,工作室在不断学习和研究的过程中形成自己的教育主张,即"教师唯有通过观察,走近并走进幼儿,让教育从眼睛到笔尖至心灵,才能有效满足幼儿发展的需求,支持幼儿的学习,促进幼儿的发展。"全体成员集体申报的省级课题"儿童视角下的教师观察"立项并顺利结题,多篇观察案例在省级刊物《幼儿教师》等杂志发表。

本书为张春炬名师工作室三年来潜心研究的成果,聚集了全体工作室成员的工作经验与智慧。本书基于各成员深入一线、站在"儿童视角"观察撰写的案例,对观察的基本概念、理论意义、方法途径、存在的问题等,如何对案例进行记录、分析和综合整理,从儿童观、教育观、教师观等角度逐一进行了阐述。本书的撰写特色是理论与案例结合,故事描写与观点论述相融合。各小节独立出来类似一个学习故事,但贯穿起来又似连续的叙述,娓娓道来。

本书注重理论联系实际,呈现了大量一线幼儿教师的观察实践案例。这些案例虽然不能用"专业"来评判,却是贴近幼儿园工作实际、能帮助幼儿教师借鉴并反思日常工作的。与当前市面上已出版的幼儿教师观察评价类的书籍相比,本书更注重对师幼互动方式与质量的呈现。我们力图呈现的并不是单纯的观察记录,而是幼儿教师在观察的基础上,解读幼儿并采取相应的教育手段促进幼儿发展的动态过程。案例中有对幼儿观察的描述,也有幼儿教师的分析、思考,以及根据观察所采取的教育策略。虽然案例有些稚嫩,但是这些都是课题组成员深入一线得到的资料,是弥足珍贵的教育实践成果,希望对广大的一线幼教工作者的教育实践能有所帮助。当然,书中也会存在一些不足,欢迎各位读者和专家不吝赐教,以利于我们不断改进和提升!

张春炬

于保定市青年路幼儿园

# 目 录

CONTENTS

# 第一章
# 我们为什么要观察

唯有通过观察和分析，才能真正了解孩子内心的需要和个别差异，以决定如何协调环境，并采取应有的态度来配合孩子成长的需要。

——蒙台梭利

> 观察不仅仅是"看"，更是"走近"与"走进"。我们需要运用全部的身心去听、去看、去感受，还需要运用科学的方法去记录、去分析、去反思。幼儿作为个体各有不同，唯有通过观察才能了解其不同之处，才能做到"以幼儿为本"。观察不仅是为评价服务，更是为幼儿的发展服务。

## 第一节 走进，才能看见

假如现在给您一支画笔，请您勾勒出班级中孩子的模样，您的脑海里会浮现出哪些脸庞？假如请您依次评价这些孩子，您会用哪些词语？不知道大家都能想起谁、画出谁又说到谁，但我想总会有一些模糊的形象。而那些诸如"可爱""调皮""内向""执拗"等词语，似乎又不能用来客观而全面地介绍他们，更不能将我们作为幼儿教师的专业性展现出来。

对于幼儿园的幼儿来说，所在班级的教师一定是他们在园一日中关注最多的人，是遇到困难最先寻找的人，是抬起头最先看到的人。教师的穿着打扮会引起他们的关注；教师无意间的话语会让他们铭记于心，甚至作为重要信息分享给家长；而教师不经意的动作也许会被他们模仿。然而，陪伴他们成长的我们，是否也同样关注到他们的行为，真正理解他们内心的渴望呢？

## 一、听见的，也许并不真实

在幼儿园环境中，教师所面对的是一个教育群体。不同年龄群体的幼儿，其能力发展水平具有显著的年龄差异，如语言表达能力、理解力和判断力等。同一年龄群体幼儿也会因性格气质、能力习惯等差别具有不同的行为表现，甚至可能会因期待肯定或躲避责罚而进行假想型的"说谎"。

### 案例1-1-1　旭旭咬人了吗?

时间：2019.03.05

观察幼儿：东东、洋洋、旭旭、小雨

观察地点：活动室

观察者：王老师

区域游戏时间到了，小三班的丽丽老师待孩子们分别进区活动后，便来到材料区收集整理班级未完成的环创材料。在不远处的建构区，东东、洋洋、旭旭、小雨四名幼儿正在游戏。小雨独自用积木搭乐高，东东在辅助材料中找到一辆红色的小跑车，一边"嘀嘀嘀"地喊着，一边拿着它绕场地行驶。旭旭和洋洋对这辆车似乎也感兴趣，在东东身边一同看着，并进行简单的语言交流。"两个座位，你开车，我坐车行吗?"旭旭对东东说。"我要坐副驾驶!"洋洋反对这样的座位安排。

就在丽丽老师俯身放置材料时，建构区传来"哇哇"的哭声。"老师，东东哭了!"只见东东坐在建构区的地垫上，单手捂着肩膀，咧开嘴大哭不止。"怎么了?"丽丽老师快步上前，边询问，边解开东东的衣领。右肩头一个鲜红的牙印赫然跃入眼帘。"这是谁咬的?"东东呜咽着，顾不上回答。"旭旭是你吗?"因为旭旭一向比较调皮，老师直接问一旁的他。旭旭慌忙摆动起双手，略显急切地为自己辩解说："我没有! 不是我咬的!"但这一辩解似乎没有说服力，旁边的孩子们都指着他说："是旭旭!""旭旭咬人!"

听到孩子们的指认，结合之前旭旭的表现，丽丽老师也怀疑咬人的就是旭旭。但由于小班幼儿语言表达能力有限，无法说出事件的前因后果，于是，老师便到园长那里调取了视频录像。也正是视频的还原，让丽丽老师深刻地认识到自己的错误。当时东东、旭旭、洋洋三人因争抢汽车而开始打闹，旭旭和洋洋在东东的身后，而东东的手臂挡在了洋洋的胸前，于是洋洋咬了东东的肩膀。也就是说，旭旭没有咬人!

（案例作者：任海霞　保定市青年路幼儿园）

相信，类似上面的冲突事件在幼儿园，特别是小班并不少见。往往由于教师没有站在幼儿身边，未及时进行制止，导致伤害事故的发生。而当伤害发生后，教师很多时候只是按照幼儿的表述以及对当事人的说辞来判断事件的前因后果。那么，教师听到的都是真实的吗？为什么他们会出现错误的判断呢？是不是因为距离幼儿太远了？

反思上面的案例，教师虽然在幼儿游戏时与其同处于教室中，无脱岗的行为，但却缺少对他们观察的意识、观察的态度以及观察的敏锐性。正因如此，教师不清楚幼儿具体的游戏行为，在游戏过程中会遇到何种问题、出现何种冲突、导致何种结果。

## 二、看见的，可能并不正确

中国有句俗语："耳听为虚，眼见为实。"听到的未必真实，那么，看到的就一定正确吗？其实不然。作为幼儿教师的我们，日常中看到幼儿的行为，如果缺少对幼儿的认识与了解，缺少对其行为背后心理的解读，很可能会做出不正确的判断。

### 案例 1-1-2　变黑的苹果

时间：2018.09.06

观察幼儿：晓晓

观察地点：活动室

观察者：夏老师

今天的美术活动是画苹果。看着桌上又红又大的苹果，孩子们像老师一样画出苹果圆圆的轮廓，并涂上恰当的颜色。大多数孩子为苹果涂上了大红色，还有部分选择了绿色、橘色、黄色等。老师逐一观看孩子们的作品，并进行适当的指导。

当老师走到晓晓的身旁时，晓晓正用黑色的油画棒将自己画好的苹果涂黑。"哎，怎么涂黑色啊，好好的作品给糟蹋了！"老师很不解。就在这时，晓晓看到了一旁的老师，忙指着那个黑色的苹果对老师说："老师，这是我画的苹果！"只见老师面色一沉，责备道："晓晓，颜色不能乱涂，苹果哪有黑色的？""有，我家里就有！它被虫子咬了，坏掉了。"晓晓看着老师的眼睛，认真地回答。孩子的回答是如此的肯定，老师突然觉得有些惭愧，眼前的这幅作品也变得生动起来。原来并不是孩子不会涂色，而是老师没有读懂作品，没有读懂孩子的内心。

（案例作者：夏文艳　保定市青年路幼儿园）

作为幼儿教师，我们虽然每日与幼儿在一起，陪伴他们，看着他们的成长变化，但却未必真正了解他们的想法，正确解读他们的行为。走进他们，我们才能看得更真切！

当我们看到小班的幼儿在教室里乱涂乱画，不要马上责备，先去观察一下，我们是否提供了足以支持他们涂鸦敏感期绘画兴趣的空间；当我们看到他们私自拆卸了投放的玩具，不要立刻呵斥，他们很可能是因为兴趣或好奇在尝试探索发现；当我们嗔怪他们因一些小事而发生争吵，不要急于批评责罚，也许很快他们就会自行解决，并逐渐学会同伴交往。只有听见、看见后去深入了解和思考，我们才能真正地认识、理解并支持幼儿。

### 三、只有走进，才能发现

幼儿教师需要了解幼儿，了解他们的性格气质，了解他们的兴趣喜好，了解他们的行为想法。一名能懂幼儿的幼儿教师一定是经验丰富的。经验来自与幼儿的相处，对幼儿的观察以及对幼儿心理发展特征的熟识。因此，幼儿教师需要观察幼儿，倾听幼儿，真正地走进他们的内心。

《幼儿园教师专业标准（试行）》中三次提到了幼儿教师的"观察"。"专业知识"方面提到，幼儿教师要"掌握观察、谈话、记录等了解幼儿的基本方法和教育心理学的基本原理和方法"；"专业能力"方面提到，幼儿教师要"在教育活动中观察幼儿，根据幼儿的表现和需要，调整活动，给予适宜的指导"，要"有效运用观察、谈话、家园联系、作品分析等多种方法，客观地、全面地了解和评价幼儿"。由此可见，观察是幼儿教师最基础、最重要的一项能力，是日常中最重要的工作内容。

#### （一）观察能够让教师深入认识幼儿

每个幼儿都是独特的，具有不同的性格、兴趣需求和行为习惯。即使同样的需求，不同幼儿也会有不同的表达方式。教师要真正了解幼儿，知道他们对什么感兴趣，明白他们需要什么，要能够通过观察来识别他们的行为并准确进行判断。例如，很多小班幼儿在刚入园时，会表现出一些"过激"行为，如不睡觉、故意搞破坏、死守自己物品不让他人触碰等。难道他们真的是"钢铁侠""破坏分子""守财奴"吗？当然不是，这些行为都是他们分离焦虑的表现。如果教师能进一步观察这些幼儿的行为，并向家长进行调查和了解，就会发现幼儿的这些行为表现与他们的气质类型密切相关。由此可见，教师通过对刚入园幼儿的焦虑行为进行观察和识别，能够更加科学深入地认识和了解幼儿的气质类型，依据气质特点为不同幼儿提供缓解入园焦虑的有效方法。

### （二）观察能够有效提升教师的专业水平

幼儿教师应能够依据不同年龄段幼儿的心理发展特点、社会化发展水平，科学地解读幼儿的各类行为。幼儿教师的观察要全面，评价指导要有效。同时，幼儿教师在观察过程中要不断检验自身专业认知的不足，对自身的教育行为进行自我反思与评价，寻求适合幼儿学习特点的教育内容、手段和方法，从理论和实践中提升专业水平。

幼儿教师对幼儿发展水平阶段的了解是观察的前提。如果教师只是单纯地记录，没有系统的知识理论做依据，不能对所记录的行为做出正确的评价，那么观察是没有意义的。因为教育缺少的并不是一台记录的机器，而是一名能够了解幼儿的行为并能及时发现幼儿行为，捕捉到教育契机，从而指导教育行为的教师。当然，对幼儿的了解应同时建立在与幼儿接触、对幼儿观察的基础上。教师除了要掌握理论知识，还需要在日常中对幼儿的表现进行观察、记录、总结。观察能力是教师向专业化迈进必须具备的能力。观察记录不仅是对幼儿行为的记录，还应能反映出教师教育经验的积累、教育能力的提升。

教育为本，观察先行。教师唯有通过观察，深入学习和思考，让教育从眼睛到笔尖、深入心灵，才能有效满足幼儿发展的需求，支持幼儿的学习，促进幼儿的发展。

## 第二节　原来，如此

在我们的身边，很多幼儿教师提起观察总会感到茫然，甚至有些教师将其理解为"就是看和记录"。的确，幼儿们每天在我们眼前晃来晃去，嬉戏玩乐，我们能够看到他们做了什么，听到他们说了什么。但是，我们真的知道为什么他们会说出这样的话语，出现那样的行为吗？我们能够理解他们言行背后的原因吗？如果我们真正地理解了什么是观察，就会明白为什么它会是幼儿教师日常工作中的一项重要内容，同时也是应具备的重要的专业知识和能力。

### 一、什么是观察？

有这样一件小事能够给予我们一些思考：

按照班级的观察计划，今天，小班的李老师需要对进入到数学区域的东东进行观察，以判断他是否理解 5 以内的数量，同时也了解他是否能够懂得"小兔采蘑菇"的游戏规则。通过观察，李老师的记录如下：

时间：2020.09.27

观察幼儿：小班的东东和小来

观察地点：数学活动区

观察者：李老师

东东和小来一起玩"小兔采蘑菇"的游戏。这个游戏是双方需要按照自己掷出的色子点数，取出相应的小兔子玩具放到印好蘑菇的棋盘格子（一共有两个棋盘，每人一个，每个棋盘上共有15个格子）中；当游戏结束时，谁的小兔子玩具多谁就赢了。

游戏开始，东东先来掷色子，他掷出了1个点，拿了1只小兔放在蘑菇上；小来掷出了2个点，拿了2只小兔放在蘑菇上。

第二次，东东掷了4个点，就从小筐里拿出3只小兔摆在蘑菇上，说："我采到4个蘑菇"，小来也掷出了4个点，他拿了4只小兔继续放在蘑菇上。

第三次，东东掷了3个点，他把所有棋盘上的小兔放回到筐里后，然后再取出来3只放在蘑菇上，小来这次掷出了2个点，他又拿出了2只小兔放在蘑菇上。这时候，小来在棋盘上的小兔一共有8只，东东的有3只。

第四次，东东又掷到了1个点，他就直接把棋盘上的2只小兔放回到筐里，指着剩下的1只小兔说："1个"；小来掷出了3个点，他又拿出了3只小兔放在蘑菇上，现在，小来一共有11只小兔子了。

（案例作者：李尚　保定市青年路幼儿园）

通过李老师对东东数学游戏的记录，我们可以看出李老师完整地记述了自己看到的事件，其中包括观察的对象东东和他的同伴小来。也许大家觉得这么完整、客观的记录，就应该是一篇特别好的观察记录了，其实不然，我们需要明确一个认知，那就是我们教师所做的观察并不代表只是在看，"观察"二字分别由"观"和"察"构成，其中"观"是对外在场景和行为的描述，而"察"是洞察秋毫，是透过现象看本质，只有将"观"和"察"紧密联系，相互融合，才能真正发挥观察在教育教学中的重要意义。

那么观察的具体含义到底是什么呢？

通过查找资料，我们知道，观察的第一要素是指从第一资源中获得信息。什么叫第一资源？就是我们的教育一线，幼儿的生活、学习、游戏活动。第二要素是指通过视、听、触觉等感觉通道获得信息。幼儿说什么、做什么，就是我们要观察的。它是以视觉为主，融其他感觉（听觉、嗅觉等）为一体的综合感知，是知觉的一种高级形式，是人的感性认识。第三要素是一种质或量的数据。所谓质，即文字描述，而量的数据即时间长度、频度、频次等。观察的引申义就是——审视察看。教育学视野中的"儿童观察"包括既看又想的过程，也就是说观察中应包含分析、思考，应包含理性的认识。

在本次观察中，李老师充分运用视觉去看、听觉去听，但是却缺少对东东数学游戏中呈现行为所做的分析与思考，也没有看到教师对幼儿行为的积极回应。我们观察的最终目的不是"为了看而看"，更重要的是在观察的基础上对幼儿的发展进行判断，并提出支持性策略。由此可见，李老师的观察并不十分完整。

和李老师沟通后，李老师对东东的观察记录进行了如下补充：

通过对东东的观察，可以分析出东东的以下几个特点：一是他属于第一次接触这个游戏，还不清楚游戏规则，具体表现在每次掷色子前，他总是要先把棋盘上的小兔重新放回筐里去，而不是像小来一样按照自己所掷出的色子数量持续增加小兔的数量；二是他已经能够掌握"一一对应"的方法计数，他每次都用"拿1个、数1个、放1个"的方法来取小兔，证明他已经掌握了"一一对应"进行点数的策略；三是当他的棋盘上有1个小兔，而他骰出"4"的点数时，他能够直接从筐里拿出3个小兔说"4个"；当掷到"1"时，他又直接把游戏盘上的3个小兔放回去2个，说"1个"，说明他对基数的概念有了很大的提高，也说明他具备了4以内的数的简单运算能力；四是在整个游戏中，东东都一直充满了兴趣，并保持愉悦的状态，即使最后自己输了，也能够坦然面对，说明东东是一个开朗而自信的孩子。

根据东东的这些表现，在后续的活动中，可以增加东东参与"小兔采蘑菇"游戏的次数，让他能够对游戏规则继续进行熟识；另外，也可以继续通过生活和游戏两个方面来强化东东的计数能力，适当增加计数数量和难度；要对东东积极面对输赢的心理状态进行肯定，鼓励他参与更多具有挑战性的游戏。

在第二个补充文本中，我们可以清晰地看到，李老师更加精准地对东东数概念的掌握程度以及他在游戏过程中的态度进行了识别。同时，李老师还根据自己的观察对东东的数学认知、游戏规则掌握和外在行为所呈现的心理状态进行了分析和评价。最后，李老师针对东东的发展现状，提出了后期的支持策略，这也为如何促进东东未来的学习提供了可操作的"路线图"。这样的观察记录就不仅是在"观"，而更重要地是放在"察"上，通过观察来思考"如何促进孩子更好地发展"了，这才是有效的观察。

所以，作为幼儿教师，我们不仅要在行动层面上捕捉幼儿的活动场面，还要进行多维观察并进行精准记录和深入分析。我们进行的观察不仅要走进幼儿，还要站在教育者的立场给予幼儿积极的回应。观察看似简单，其实不简单，要想让观察更加聚焦，就需要观察者调动所有的感官去感受，以开放和有准备的心态面对幼儿，思考幼儿的当下并谋划幼儿的未来，让每一个观察都能真正落实到促进幼儿的有效发展上。

## 二、运用观察信息的意义

丽莲·凯兹说："儿童观察比其他类型的评价更为真实。"在观察幼儿时，教师是在自然真实的情境中看到他们的发展。听其言，观其行，通过观察，教师可以知道他们需要什么，哪些发展领域需要特别关注，他们需要什么样的支持并进行课程设计。

### 案例1-2-2　搭建埃菲尔铁塔

时间：2019.09.20

观察幼儿：浩浩

观察地点：建构区

观察者：曹老师

在进行区域游戏时，浩浩选择了搭建区。刚开始，他不知道自己要搭建什么，欣赏了一下墙上的"世界有名建筑物"，他说："我搭一个埃菲尔铁塔吧。"

浩浩选择用彩色积木在桌子上搭建铁塔。他先把几块长方形积木平铺在桌面上，组合出一个平面的三角形，扭头看了一眼墙上埃菲尔铁塔的照片，他说："这样不行，得让它站起来。"

浩浩开始重新搭建。他把两块长方形积木竖着放到桌子上，中间留有一定的距离，说："用这两小块积木作为支撑。"然后，他开始在这两小块积木上小心翼翼地叠加其他长方形积木，但是因为想要搭建出的埃菲尔铁塔是细高的，浩浩在搭建时，积木没有对齐，所以当搭建到一定高度时，积木就掉下来了。

浩浩看着玩具筐里的其他积木想了一会儿，把柱子形状的积木拿出来，自言自语道："我把刚才的两块积木换成这个柱子试试。"说完他把柱子形的积木作为埃菲尔铁塔的基座，用长方形的积木作为中间塔身，开始搭建起来。可是试了几次，长方形的积木还是往下掉。

浩浩认为应该是两个柱子之间的距离太远了，于是分别将两个柱形积木朝中间挪一挪，在这个基础上，再继续搭建。为了保持两边积木的平衡，浩浩换了一种搭建方式，他先往左边放一个，再往右边放一个，慢慢地两边的积木靠到了一起。可是"啪"的一声，左边的积木又掉了下来。

浩浩说："我知道了，柱子不应该在最下边这块积木的中间，我来改改。"看到浩浩关注到了保持积木平衡的所在，老师问他："那应该把柱子放在哪里，上面的积木才不会倒呢？"浩浩回答说："这一摞积木是斜的，哪边重就应该把哪边放在柱子上。"他按照自己的想法尝试了一次，果然成功了，拍着手开心得笑了起来。

浩浩终于完成了埃菲尔铁塔塔身部分的搭建，随后，他从玩具筐里拿了两个长方形积木，搭成了一个小角放到了积木上边，可是发现它们根本站不住。

浩浩问老师："老师，我能用美工区的橡皮泥吗？"老师同意了，于是浩浩找来一块绿色的橡皮泥，用它捏了一个尖尖的三角形，放在搭好的铁塔上作为埃菲尔铁塔的顶部。看到自己的作品，浩浩长舒一口气，说："这回真的成功了。"

（案例作者：曹昴　涞水县赵各庄学区白涧幼儿园）

在上面这个案例中，您看到了什么，想到了什么？我们又该怎样来支持幼儿的游戏呢？

首先，我们看到了浩浩善于观察，能够在发现埃菲尔铁塔基本特征的基础上，尝试用不同的材料进行搭建（长方形积木、柱形积木、橡皮泥）；在遇到问题时，他没有急躁，而是尝试查找产生问题的原因，通过改变搭建方式、调整积木的承重点、更换搭建材料等方法解决相关的问题。在这个过程中，我们也看到了浩浩为完成自己想要做的事情时的专注和坚持，从不断尝试——思考——再尝试的过程中看到浩浩良好的学习品质。

其次，在浩浩搭建埃菲尔铁塔的过程中，教师也不是旁观者，她始终陪伴在浩浩身边，虽然没有太多言语的提示，但却对浩浩的一系列搭建行为给予认可，尤其是当浩浩发现造成积木不断倒塌的原因是"重心没有在承重点上"时给予了其提醒，让浩浩清楚了问题所在，为其后续的成功奠定了基础。

由此可见，观察能让我们注意到孩子在游戏过程中的语言、行为、表现、情绪、冲突以及孩子对材料的选择、兴趣，了解孩子的游戏经验及游戏水平，而这些同时指向了孩子认知及心理的发展。就如刘焱老师所说，"观察的真正目的并不是让我们睁大眼睛去发现让人眼前一亮的事情，不是让我们'守株待兔'式地去等待所谓真正有价值、有意义的'魔法时刻'的到来。观察的真正目的，是要求教师主动地在幼儿的日常行为中找到能够读懂幼儿思维的细节，找到解读幼儿心灵秘密的密码，找到支持、帮助、指导幼儿学习与发展的依据。"

### 三、幼儿游戏观察中教师担任的角色

在对幼儿游戏的观察过程中，教师首先应明确观察的目的，并选择适当的观察方法。观察应在确保幼儿有机会展示他们所有游戏能力的情境中进行，保证幼儿有充分的游戏时间。教师应持续观察，以确保记录的是幼儿典型的游戏行为。

观察分为有目的的观察和随机性观察。这两种观察方法在游戏区活动中交互使用。每当投放了新的材料或在近期发现了什么问题需要解决、处理时，都要进行有目的的观察，这种观察的针对性强。除此之外，教师还应随时观察了解幼儿的兴趣和需要，并及时调整自己的教育行为。只有细致地观察游戏中的每个环节，教师才能促进幼儿的良好发展。

那么，在幼儿游戏观察中教师应该担任怎样的角色呢？

#### （一）教师是观察者、记录者

在观察过程中，教师应关注幼儿对游戏的兴趣和需要；了解幼儿在游戏过程中的玩具与材料的选择与使用情况；记录幼儿在游戏过程中的表现，如积极性、参与性、专注力、自主性；关注游戏主题、游戏情节、游戏内容、游戏中的伙伴交往情况；注意幼儿在游戏过程中规则的生成与遵守、游戏中的冲突以及解决问题的方法；等等。

教师在观察和记录过程中通常会出现以下问题：

（1）未观察到典型事件。如我们在观察"幼儿听教师讲故事"的过程中，一般会关注幼儿的倾听能力，而往往忽略幼儿的学习品质——注意力、自制力、坚持性、理解能力以及表达能力。

（2）记录观察事件的能力不足。第一是记录不够完整，缺乏事件发生的背景信息、相关参与人员、事件发生的具体内容等；第二是记录不够细致，只是笼统地记录幼儿做了什么，没有细节；第三是记录不够客观，对幼儿的想法、意愿进行主观猜测。

（3）观察分析事件的能力较弱，分析不深入、不细致。

#### （二）教师是计划者、支持者

在幼儿游戏的观察过程中，教师应该有目的地观察。教师首先应该有计划、有目的地为幼儿创设适宜的游戏环境，在空间的设置、场地的布置以及材料的投放上都要深思熟虑，在幼儿已有的游戏经验上增加新的游戏材料，为幼儿提供自由选择

的空间。其次，教师在幼儿游戏的过程中也应该做到有计划、有目的地观察，如要选择什么样的观察方法，是定点观察还是扫描观察、是追踪观察还是摄像记录观察；要选择哪种记录方法，是用白描的方法记录还是使用量表的方法进行记录，都需要观察者提前做好计划，做到心中有数。

教师在观察过程中更是一位支持者。对于幼儿在游戏过程中使用新的游戏方法，教师可以予以鼓励；当幼儿在游戏中遇到困难或者发生冲突的时候，教师也可以选择主动介入幼儿的游戏，帮助他们获得解决问题的方法。总之，通过对幼儿游戏行为的观察，教师可以对幼儿的行为、心理进行推测，并反思自身的教育行为，有目的、有方法地支持幼儿的发展。

## 第三节　对于观察，我了解

知道了观察的重要性，也知道了什么是观察，我们还需了解观察的类别。

### 一、观察的分类

#### （一）不同情境下的观察

由于情境不同，观察也有所不同，其主要分为"自然情境中的观察"与"实验室观察"。

自然情境中的观察是指在自然状态下开展的观察，包括两个方面：一是自然行为的偶然现象观察，如在户外游戏中，教师对两名幼儿争抢皮球的观察；二是系统的现象观察，如在班级幼儿进餐的过程中，教师持续性地对某个幼儿挑食行为的观察等。二者一个指向对偶发事件的观察，一个指向对长期行为的观察，但观察的事件都是在自然状态下发生的。

自然情境中的观察发生在自然场所里，被观察者在自然状态下，呈现的都是真实情况，更有利于观察者搜集客观真实的材料；而实验室观察因为有着严密的计划，更有利于观察者探讨事物内在的因果联系。

#### （二）不同方式下的观察

按照观察的方式不同划分，观察可分为"直接观察"与"间接观察"。直接观察者在现场直接对观察对象进行感知和描述，如教师看到有个幼儿在踮起脚努力地把球推进篮筐里，教师通过自己的眼睛看，并用笔记下全部过程，对事件进行完整描述，这就是直接观察。

间接观察是指观察者利用一定的仪器或技术手段作为中介对观察对象进行的观

察，如在引导幼儿了解细菌的时候，教师带领幼儿用显微镜进行观察，这就是间接观察。

直接观察的事物能够被观察者直接感知到，更加直观具体。而间接观察突破了直接观察者的能力局限，扩展了观察的深度和广度，让观察变得更精细化。

**（三）参与程度不同的观察**

按观察者是否直接参与被观察者所从事的活动来分，观察可分为"参与性观察"与"非参与性观察"。

参与性观察要求研究者直接参加到所观察对象的群体和活动中去，不暴露"研究者"的身份。非参与性观察要求研究者以"旁观者"的身份进行观察，可以采取公开或者秘密的方式进行。

参与性观察的好处是研究者的身份比较隐蔽，但由于研究者参与其中，判断和结论容易受到个人情感等主观因素影响，处理不当的话容易影响观察的客观性；非参与性观察可能更加客观，但易表面化，不易获得深层次的材料。

**（四）实施方法不同的观察**

按实施方法的不同，观察可分为"结构式观察"与"非结构式观察"。结构式观察是为了研究明确的问题，设置了准确的观察目标和范围，并制订了详细的观察计划和步骤，开展可控性观察。非结构式观察则是对研究问题的范围、目标采用弹性的态度，观察内容和观察步骤也不预先确定，也没有具体记录要求的非控制性的观察。

结构式观察由于提前设计并严格按照计划实施，可以让观察者获得翔实的材料，有利于后期对观察资料进行定量分析和对比研究。

非结构式观察的方法相对来说就更灵活了，但是通过这样的方式获取的材料往往系统性不足，多用于探索性研究，通常是在研究者对于观察对象不太了解的情况下进行。

综上所述，观察类型不同，其基本特性、适用条件和局限性也不同。就教师而言，这些观察方法各有利弊，在具体实践中，常常需要进行综合运用。观察者应该根据自己的具体情况，将几种有关的观察方法有机结合，从而获得最有价值的观察材料。

## 二、实践中常用的观察方法

前面，我们对观察从不同角度进行了分类，那么在具体的工作中，幼儿教师应用哪些观察方法比较适宜呢？

通常情况下，幼儿教师使用的观察方法有扫描观察、定点观察和追踪观察三种。其中扫描观察可以帮助教师粗线条地了解全班幼儿的游戏或学习情况；而定点观察和追踪观察能够让教师对某些或某个幼儿的游戏和学习进行更深入、更全面的了解。

### （一）扫描观察

扫描观察即分时段定人观察，对班里的幼儿平均分配时间，在相同的时间里对每个幼儿轮流进行扫描观察。这一方法适用于观察全体幼儿游戏的情况，一般在游戏开始或者结束时选用较多。它可以帮助教师判断游戏空间和材料是否符合幼儿活动的需要，发现可能会引起纠纷的事件，了解游戏开展中有哪些主题以及每个幼儿选择的主题、扮演的角色、使用的材料等。扫描观察更加关注全体幼儿的现状，一般使用相应的表格，根据幼儿的现实情况在表格内做记号（如表1-1）。

**表 1-1　幼儿区域活动人数记录表**

| 时间 | 角色表演区 | 建构区 | 美工区 | 阅读区 |
|------|-----------|--------|--------|--------|
| 周一 | | | | |
| 周二 | | | | |
| 周三 | | | | |
| 周四 | | | | |
| 周五 | | | | |

教师只需在区域游戏时，用数字记录每个区域幼儿进入的人数，就可以了解一周之中班级幼儿对哪些区域感兴趣，哪些区域对他们的吸引力不足，从而进一步改进措施，对班级区域设置或者材料提供进行调整，让其更加符合幼儿的游戏兴趣和学习水平。

### （二）定点观察

定点观察是定点不定人观察。教师可以固定在游戏中的某一地点进行观察，见到什么即观察什么，只要在此区域游戏的幼儿都可以作为观察对象。这种方法适合了解一个主体或这个区域幼儿的游戏情况，可以获得一些动态的信息，了解幼儿在游戏中使用材料的情况、幼儿的交往情况、游戏情节发展情况等。通常定点观察的重点为幼儿的游戏行为、语言、表情，用实况描述或事件抽样的方法记录。

案例 1-3-1　折小猫

时间：2019.05.22

观察幼儿：豆豆、梓桐、兰兰

观察地点：美工区

观察者：张老师

今天，张老师在美工区投放了折小猫的步骤图和彩纸，进入这个区域的有豆豆、梓桐和兰兰。他们看到了小猫的成品及其步骤图，都特别开心。兰兰想折一个黄色的小猫，梓桐和豆豆也各自取了一张粉色和蓝色的纸，他们根据步骤图开始折起来。

兰兰边看图边折，折得很快，一会儿就把小猫头折好了。梓桐一边看着兰兰一边折，也折好了。只有豆豆一个劲地看着步骤图，却不知道怎么折。他看到另外两个小朋友已经折好了，就大声喊了起来："老师，帮帮我，你帮我折吧，我不会折！"兰兰将豆豆的纸一把拿过来说："没事，我帮你折。"

（案例作者：张春静　涞水县赵各庄学区西角幼儿园）

这个记录就是教师在美工区这个点位进行的定点观察。通过这段文字的描述，我们可以清晰地看到当时三个幼儿的活动状态以及发生的事件，包括解决的办法。在这个记录中，我们能够通过三个幼儿的表现分析出他们观察能力、判断力、识图能力和动手能力的差异，了解三个幼儿不同的学习方式，而且还能发现哪个幼儿是乐于助人的那一个。

### （三）追踪观察

追踪观察即定人不定点观察。教师事先确定1～2个幼儿作为观察对象，观察他们在游戏中的活动情况，被观察的幼儿走到哪里就追到哪里，固定人而不固定地点。这种方法适合观察个别幼儿在游戏全过程中的表现，了解其一般发展与游戏发展水平，以获得更为全面翔实的信息。

**案例1-3-2　拯救塑料筐**

时间：2021.04.14

观察幼儿：小明、丁丁、鹏鹏、西西

观察地点：活动室

观察者：李老师

区域游戏时间，男孩小明正在玩几何形体。

他把塑料材料筐扣过来，然后将不同形状的几何体逐一堆砌起来。随着几何体的增多，材料筐底部开始往下凹陷。

男孩小明把材料筐上的几何体拿了下来，仔细观察了一下材料筐，发现筐的底部有三条裂纹，用手进行按压，裂纹处出现了裂缝。

老师说："这可糟糕了！这个塑料筐裂了，不但做不了建筑的底座，装材料也不太合适了，扔了又可惜！"

丁丁拿着塑料筐站了起来，说："我想了一个办法，可以把它们粘起来"。然后，他来到摆放常规材料的橱柜前，这时候附近又有几个孩子围了过来。丁丁从橱柜里首先选择了泡沫胶，看了看泡沫胶的侧面，说："它有点厚。"

围观的几名幼儿分别从橱柜里拿出彩虹胶（彩色细胶带）、宽透明胶带和胶棒。

丁丁拿起胶棒开始在裂缝上涂抹胶水。当所有裂缝处涂满胶水后，丁丁用手按了按塑料筐的底部，发现裂缝仍在。

鹏鹏说："胶水都碎了，粘不住。"

西西说："我们用彩虹胶试一试，行不行？"

几个孩子都说可以。

老师说："为什么我们要用彩虹胶，而不用宽透明胶带呢？"

西西说："因为彩虹胶很好看，而且它很黏。"

图 1-1　塑料筐裂开了　　　图 1-2　胶棒粘一粘　　　图 1-3　用彩虹胶试一试

老师说："如果大家都同意，那我们就试一试吧！"

西西开始用彩虹胶对准裂缝处进行粘贴。经过一番操作，裂缝处被彩虹胶覆盖，丁丁凑过来，惊奇地说："看，这是一个'小'字。"

老师点点头："嗯，还真像汉字'小'呢！就是不知道用彩虹胶粘得结不结实？"

听了老师的话，丁丁和西西用手按了按塑料筐的底部，刚刚粘贴好的地方彩虹胶翘了起来，裂缝又出现了。

老师继续问："胶棒和彩虹胶都不行，该怎么办呢？"

丁丁说："我们还是用宽胶带吧！我爸爸就用它粘书。"

西西说："先要涂一层胶棒，这样粘得结实。"

于是，他们两个进行了分工，先由西西用胶棒在裂缝周围涂抹上厚厚的胶，再由丁丁用宽胶带覆盖在裂缝处。

图1-4　宽胶带固定更结实

等他们把裂缝粘上宽透明胶带后，发现塑料筐的裂缝几乎看不到了，用手按了按，塑料筐的底部变得结实多了，没有凹陷的现象，他们的脸上都露出了灿烂的笑容。

（案例作者：李尚　保定市青年路幼儿园）

这个观察案例是围绕着丁丁开展的。在观察中，教师着重通过提问的方式，引导丁丁和同伴们思考"如何将塑料玩具筐粘起来"的问题，教师通过观察，能够非常清楚地了解丁丁在遇到问题时的思考与解决的路径，真实地感受他们为解决问题而付出的努力，以及在解决问题后获得的成功体验。

通过对以上三种常见观察方法的案例分析，我们可以看出扫描观察面对的观察对象人数较多，更适用于填写表格；而定点观察和追踪观察针对的是某一个点位或者人，需要更加深入地了解被观察幼儿的真实情况，标准更细致，观察更系统。因此，这两种观察仅靠表格是无法完成的，需要我们来撰写观察记录，把那些有研究价值的、保留价值的典型行为或事件记录下来，以期对幼儿的发展有更深入的理解，并对环境和教育的适宜性进行审视，做出相应的调整。

## 第四节　他们的观察不一样

作为一名幼儿教师，每学期的考核内容中都会有观察案例这一项。但随着工作时间的增长，可写的案例似乎越来越少。因此每当提起观察，就会有教师发出疑问："千篇一律的教学活动，有什么可观察、可记录的呢？"下面，我们将介绍如何进行有价值的观察。

### 一、"心中有目标"——让观察落地

《幼儿园工作规程》（以下简称《工作规程》）《幼儿园教育指导纲要（试行）》（以

下简称《纲要》)明确指出,幼儿教育包含保育和教育两方面内容,健康、语言、社会、科学、艺术五个领域为教育的核心内容。陶行知指出:全部的课程包括全部的生活,一切课程都是生活,一切生活都是课程。

如何从幼儿一日生活环节入手,选取合适的切入点进行观察呢?

首先,教师要有明确的观察目标,而这个目标应该是基于班级幼儿发展的问题点或一日生活常规的重点而确定。如果教师在带班的过程中,确实不知道从何下手进行观察,可以从以下两个方面入手:

一是幼儿的已有经验和学习兴趣。幼儿是我们观察的主体,其已有经验和兴趣是开展各种活动的支撑,观察他们所了解的、关注的内容,是一种不错的选择。

二是从班级的教育目标及教学内容中进行选择。因为观察的根本目的还是促进幼儿的发展,为此,我们可以根据班级的教学情况对幼儿的表现进行观察,以便更好地了解从而提供后续的支持。

其次,还有一种策略就是我们可以提前做一个"预观察",也就是说,先不明确观察目的和观察内容,而是以旁观者的身份对班级的工作和幼儿的行为进行审视,当我们跳出班级教师的角色后,会更容易发现幼儿个体或群体所存在的问题,这样更容易找到观察的目标和要重点观察的对象。

## 二、"记录有细节"——让观察更有效

一般情况下,观察记录的写法如下:一是用白描的手法把发生的事件的经过描述下来;二是加上自己的分析与思考。但是这里所说的"白描",并不是通常意义上的"平铺直叙",更不是"流水账",它需要分出主次,即对观察的重点内容要详细描写,对于不重要的内容要一笔带过或者忽略不记;在记叙过程中,也不能掺杂观察者的主观臆断和胡乱猜测。

### 案例1-4-1 小鱼爬斜梯

时间:2019.09.15

观察幼儿:小鱼(小班)

观察地点:户外操场

观察者:武老师

户外活动时间到了,小班孩子们都兴高采烈地跑到操场上来了。看到同伴萱萱爬上了竖梯旁的斜梯,小鱼紧随其后也开始爬。他用双手攀住斜梯上面的横木,脚下一蹬,一级台阶、两级台阶,可到第三级台阶时,他的小脚抬不上去了,手也够不到杆了。他向我求助说:"老师,帮帮我。"我把他从上面抱下来,放到地上。

17

第一章 · 我们为什么要观察

之后他又试玩了两次，都没有成功。因为后面还有其他孩子也要玩，他离开了，可是在玩其他玩具的时候，他的眼睛一直朝这边望。

过了一会儿，人少了，我对小鱼说："你还想玩斜梯吗？现在可以试一试，不行的话，老师可以帮你。"小鱼点点头，我说："加油！"小鱼再次抓住上面的横杆，开始往上爬，眼看就要登顶了，前面没有横杆可抓，我提醒他可以抓两边。他用两只小手紧紧握住两边的木头，小脚一蹬，跪着爬到了最高点。

他的脸上洋溢着成功的喜悦，高兴地从斜梯上下来，他拉着我的手说："老师，我还想再玩几次。"

（案例作者：武文馨　涞水县赵各庄学区白涧幼儿园）

在本案例中，我们可以看出教师对小鱼爬斜梯的过程做了非常详细的描述，包括他的各种动作，如双手攀住、脚下一蹬等，也包括他的眼神和语言，还包括师幼之间的互动，这些都是整个事件发生、发展的非常重要的信息，必须记录到位。而对于和观察内容无关的其他内容，如小鱼不玩斜梯而转为玩其他玩具的情况，教师却采取了忽略的态度。这样的描写更有利于对观察事件的凸显和对被观察者后期的分析，让读者能够身临其境，是最好的第一手素材。

### 三、"评价有支撑"——让观察有意义

在一项有关"幼儿园新手教师和熟手教师的观察记录水平差异"的调查中，我们发现，新手教师和熟手教师在幼儿行为描述和策略建议中的差异不是很大，但是在分析和评价中存在着非常明显的差距。反思造成这样结果的原因，主要是新手教师和熟手教师工作经验不同，对不同阶段的幼儿发展特点及其行为表现的了解程度不同。鉴于此，如果我们单纯从已有经验入手去完成观察评价，势必会产生一些偏差。

笔者曾经经历过这样一件事情。一次我到大班去转班，班级的幼儿们正在开展区域活动。我看到一个小男孩正在科学区里拿着一个放大镜照着一本图画书。当时带班教师很生气，斥责他不仅没有进行相关的科学实验，还擅自把图书区的图画书拿到科学区来摆弄。可是过后，我和这个男孩进行交谈，才知道，他这样做的真实意图是想看看放大镜能不能把图书点燃。因为昨天他在家里播放的动画片里看到了这样的情节。由此可见，即使是有经验的熟手教师遇到幼儿的某些"不合理"行为时，也不一定能够产生科学的分析和判断，何况那些经验还不丰富的新手教师。

那么，我们怎么才能克服这样的窘境，让幼儿教师能够根据自己的观察对幼儿的发展做出更为科学的分析和判断呢？

通常有三种方法：一是当我们看到幼儿的某种不同寻常的行为时，一定要多问一句"为什么"，通过沟通了解幼儿的真实意图和想法；二是我们要多学习一下专业理论知识，如皮亚杰的儿童认知发展阶段理论和认知建构理论，埃里克森的儿童社会性、情感发展的阶段理论等，使自己能更好地运用这些理论去解释所观察到的行为或现象；三是可以尝试寻求一些评价工具对自己的观察提供帮助，如《3-6岁儿童学习与发展指南》（后简称《指南》）为教师提供了3～6岁幼儿在各个领域的典型表现和一般特征，帮助教师在观察幼儿日常生活、游戏活动时，将其具体的行为表现与相应的发展理论联系起来，从而确定分析幼儿行为的框架和原则，使分析言之有据。

此外，为了弥补教师间的个体差异，我们在观察评价时还要善于倾听不同经验、不同理论水平的同事对同一幼儿行为的分析与解释，尽量避免经验主义的误判，突破个人经验与学识的局限，拓宽行为分析的视角，同时，也为大家创设一个相互学习、共同促进的平台。

## 第五节　观察也能变简单

所谓"知易行难"，观察这件事，似乎也如此。当我们去想象观察的好处时，总是意气风发、信心满满，可是真正到了要做的时候，就会发现有诸多的难处。比如，我们每天面临着多项教育任务，根本没有时间和精力进行观察；班级幼儿的人数太多，观察很难顾及每个幼儿；大多数教师的教育教学经验比较丰富，但是观察幼儿的经验不足，不知道应该观察谁、记录什么，也不清楚从何入手对所记录的信息进行分析等。这些"拦路虎"时刻潜伏在观察之路上，不断让我们受挫、失望，甚至于产生就此放弃的念头。

那么我们应该怎么做，才能让观察这件事持续下去呢？

建议可以从以下几个方面入手：一是参加相关的培训，学习必要的观察方法与技巧；二是丰富理论知识，为观察提供支架、降低难度；三是要练习将观察与经验、理论及研究的问题结合起来，从而真正感受到观察的有趣和有用。

### 一、有效识别，精心计划

这里的"有效识别"指的是"识别有意义的行为"。因为并不是发生在幼儿身上的事件都值得去观察，只有那些符合我们观察目标与重点的内容才是观察的对象。因此，比"练习怎样写好一篇观察记录"更重要的是思考"我该观察谁""关注什么行为""为什么这个行为值得观察"。

另外，"凡事预则立，不预则废"，就观察来说，也是如此。如果我们想要持续性地对某一个幼儿或者某一种事件进行较为深入的了解，就必须制订一个计划。因为正式的、有计划的观察能够确保观察的全面性、整体性和系统性，进而可以为后续开展的教育教学活动提供支持和保障。

一般情况下，观察计划包含以下几个方面的内容，如观察的目的、观察的对象、观察的地点及观察的方法等。以下是某位教师所做的观察计划，可以给予大家一些参考。

#### 案例 1-5-1　小班幼儿分享行为的观察计划

观察幼儿：明明

时间：2020 年 9 月幼儿入园后第 3～4 周，每天上午 8:00—8:30（区域活动时间）

观察地点：明明活动的所有区域

观察者：张老师、李老师

老师通过适时介入的方式，结合照片和表格观察明明的分享行为出现的背景、地点，分享的方式、内容和对象（如表 1-2）。

表 1-2　幼儿分享行为观察记录表

| 分享对象 | | 分享地点 | | 分享背景 | | | | 分享内容 | | | | 分享方式 | | | |
|---|---|---|---|---|---|---|---|---|---|---|---|---|---|---|---|
| 男孩 | 女孩 | 活动室 | 盥洗室 | 物品充裕 | 物品不足 | 发生有趣的事 | 其他 | 玩具或物品 | 好吃的 | 快乐 | 其他 | 一起玩 | 轮流玩 | 赠送 | 讲述 |
| | | | | | | | | | | | | | | | |

（案例作者：崔颖　保定市青年路幼儿园）

## 二、循序渐进，逐步提高

这里所说的"循序渐进，逐步提高"指的是观察记录的写作技巧。

观察融合了观、思、行，是一种综合性的活动。观察的最终目的是在观察、了解幼儿现状的基础上，通过实施有效的教育策略来促进幼儿的发展。

观察未必都要写观察记录，如现在很多教师运用照相机、录音笔和摄像机进行观察，它们都比文字描述更能真实、客观地还原活动现场和活动过程。此外，还有的教师运用概要式或清单式的表格进行观察，这样的信息更聚焦幼儿的具体发展领域。因此，对于教师来说，重点更多的应该放在学会"看"和"听"上，而不是观察记录的文字是否清晰、流畅上。

如果为了避免自己观察到的重要信息及其细节被遗忘，或者为了能够更好地与不在现场的人进行交流与分享，需要把观察写成观察记录的话，可以采用循序渐进的方法来降低难度。具体的做法如下：

一是用手机拍摄自己认为值得记录的事件，并说一说为什么要记录这个事件以及这一事件的大致经过。

二是在口头描述的基础上，尝试用图文结合的方式把观察到的事件记录下来。

三是除了拍摄照片还要关注幼儿的语言，并记录他（她）与同伴之间的对话，使对事件的描述更加富有细节。

四是当观察记录初步完成以后，通过反复观看照片和视频的方式，对记录的文本进行多次比对、阅读，剔除掉记录中带有主观偏见的内容，让记录变得更加客观、清晰、具体。

当然，以上提到的每种记录方式都各有其优点和不足，作为教师，我们应该通过不断尝试，找到适合自己的观察记录方式，为促进幼儿的成长助力。

## 三、自然融入，用心感受

很多教师在刚刚对幼儿进行观察时，往往不知道如何接近幼儿，因为有的幼儿在游戏中，发现有人对其进行持续关注，他们会觉得不自在，甚至会终止游戏，躲开教师的视线。还有的教师在观察时，往往会不由自主地依据成人的视角和观念对幼儿的游戏进行干预。

以上这些方式都不是正确的观察方式，要想让我们的观察更为真实、自然，我们必须成为幼儿的"大玩伴"，和他们共同生活、游戏和学习。只有我们持有一颗接纳、理解、认同的心，并且愿意积极参与幼儿的合作游戏，并和他们一起享受游戏的过程，才能真正理解他们的言行，感受他们的内心想法，让观察变得更有意义和价值。

时间：2019.03.14

观察幼儿：雯雯

观察地点："小医院"

观察者：赵老师

又到区域活动时间了，黄老师拿起手机和记录本，准备到"娃娃家"观察孩子们的游戏。她走到"娃娃家"旁，刚刚举起手机，雯雯就问："黄老师，你干什么呀？是要给我拍照吗？"边说边用右手摆了一个"V"字，其他孩子看到了，也都挤到前面，争相摆拍起来，连游戏也不玩了。

黄老师给孩子们拍了两张照片，见孩子们的热情一直在拍照上，她根本没有办法进行观察，只好离开了。

孩子们见老师走了，就又开始了游戏。而黄老师站在距离"娃娃家"较远的地方继续观察。

过了一会儿，"娃娃家"的娃娃生病了，雯雯大声说："我的孩子感冒了，需要找一个医生给看一看。"黄老师听到了，就戴上了医生帽，走到"娃娃家"门口，说："我是黄医生，听说你家的孩子生病了，我来给看一看。"雯雯赶紧把医生请进家里面，把娃娃抱给医生看。

这时候黄老师就把手机的录音功能打开，并拿出纸和笔，认真地边听孩子们的谈话，边进行记录，还顺便给娃娃看好了病。

下班后，黄老师对孩子们在"娃娃家"的游戏进行了梳理，对他们在社会性方面的发展进行了评价，为后面的教育教学做好准备。

（案例作者：赵琦琪　涞水县赵各庄学区蓬头幼儿园）

## 四、立足研究，提高效能

我们都知道，观察是件很辛苦的事，如何让教师在观察的过程中感受到收获与喜悦，激发内在动力，是保障观察能够持续进行的根本因素。

因此，我们需要用课题研究的视角去对待每一次观察，将每次观察都视为一次真正的行动研究，让教师通过观察解决自己工作中真实存在的问题，从而真正感受到观察的价值。

时间：2020.09.05

观察幼儿：中班幼儿

观察地点：图书区

观察者：蒙老师

中班的刘老师最近在区域活动观察时发现，班级里大部分孩子都不愿意选择阅读区，即便有个别孩子选择了阅读区，也没有认真阅读，而是走走逛逛，拿一两本书随意翻翻就离开了。

针对这个现象，刘老师特意把最近两周的观察都放在阅读区，详细记录每天进入阅读区的孩子姓名、人数、停留时间、阅读图书种类、时间等，并通过对孩子的个别访谈，了解导致阅读区不吸引孩子的原因。

通过一段时间的观察与分析，刘老师对班级学生的阅读情况有了较为清晰的了解，并发现导致阅读区人数少的主要原因有以下几点：一是有些孩子识字量不多，在家里便很少看书，对阅读不是很感兴趣；二是当活动室里比较安静时，孩子阅读时更专注，嘈杂时相反；三是当阅读区提供的图书是孩子熟悉的时候，他们会更喜

图 1-5　安静温馨的阅读环境

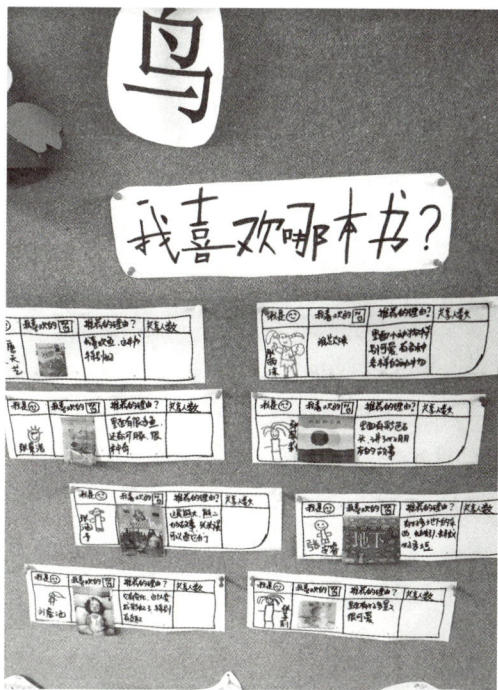

图 1-6　我喜欢哪本书

图 1-7　怎么看书最好

欢阅读，并且会反复选择此书；四是当老师坐在阅读区与孩子一起阅读时，孩子专注于阅读的时间更长。

　　找到孩子们不爱到阅读区读书的原因后，刘老师便将阅读区调整到教室中最安静的角落并加以温馨的布置，对所提供的图书类型及摆放方式也进行了调整并定期更换。同时，刘老师还围绕"我喜欢哪本书""怎么看书最好"等话题组织孩子们讨论，并将讨论结果以图文形式在周边环境中进行展示。过了一段时间，刘老师再次对阅读区进行观察，她发现孩子们的阅读兴趣变得浓厚了，消极行为逐渐减少了，孩子们真正地感受到读书带来的乐趣了！

（案例作者：蒙伟伟　涞水县赵各庄学区蓬头幼儿园）

　　在这个案例中，刘老师对班级中真实存在的问题进行了较为细致和长期的观察，并通过对幼儿的访谈，了解了产生问题的原因，并通过相应的策略进行了弥补和完善，最终使"孩子们不喜欢到阅读区阅读"的问题得以真正的解决。

　　这样的观察遵循了"发现问题→分析并寻找解决策略→实施策略→再次观察并检验策略有效性"的研究路径，是真正的行动研究。教师不仅充分体验了从发现问题到解决问题的完整过程，还深刻理解了基于观察解决问题相比于依靠直觉或经验解决问题，虽然投入的精力更多些，但也更加有效。教师真正感受到问题解决之后的快乐，这比任何激励手段都更有效。

　　总之，随着社会的不断发展，人们对幼儿教育的关注越来越广泛，对幼儿教师专业素养的要求也越来越高。尤其是在我国《指南》颁布以来，幼儿教育实践正在发生深刻的变化，"儿童视角""以儿童为中心"的教育观念越来越得到确立，教师基于对幼儿的行为观察提供有效教育支持的工作模式也逐渐开始形成。当前，以往不受重视的行为观察能力已成为幼儿教师最核心的专业能力之一。每一位幼儿教育工作者都应该从自身做起，努力提升自己的观察能力水平，为更好地促进幼儿的发展贡献自己的一份力量！

# 第二章
# 站在孩子的视角

你能发现什么，关键在于你以什么方式去发现。

——爱因斯坦

当我们抬头时，会看见天空；当我们低头时，会看见大地；而当我们弯下腰，俯下身，看到的又将是不一样的风景。身体姿态不同，视角必然会发生变化，获得的也将是别样的认识与感受。作为幼儿教师，想要真正地了解和认识幼儿，我们不妨俯下身，站在他们的立场去观察。或许，我们会发现他们身上那些我们未曾见过的一面。

## 第一节　童年里的秘密

在无数和孩子共处的时光里，在什么情形下，作为保育者、教育者的我们，会俯下身去呢？他们的鞋带松开了，我们要帮他们系起来；他们进餐过后，我们开始弯腰打扫桌面上的米粒和地面上的汤渍；他们作画、实验中，我们会在小组间巡回，低头指导他们完成作品；他们玩耍时或争执后，受伤哇哇大哭，我们急忙跑过去查看伤口……这平凡的一幕幕，无一不体现着幼儿教师的责任、关怀与爱。

这种种的情形中，俯下身的是我（幼儿教师），关注的点是物（鞋带、汤渍、作品、伤口），而唯独缺少的是最应该被我们观察的幼儿。基于"儿童视角"的观察要求我们一方面要看到真实的幼儿，包括幼儿的自主性、幼儿的进步，另一方面也要看到发展的幼儿，即幼儿需要怎样的支持与帮助。我们要站在他们的立场上，重新思考、定义"俯下身"。"俯下身"不仅是改变身体姿态，更是成人完全地敞开心灵与情感向幼儿靠近，理解、读懂幼儿并建立支持其发展的对话，以此达到真正地尊重、理解幼儿，发现童年的独特价值，使我们的教育思维观念在与他们共同成长的过程中发生转变。

身为幼儿教师，请真正地俯下身来，不再以固有的思维方式去解读幼儿的行为，而是努力去了解他们行为背后的真实意义，探索他们成长的秘密。

## 一、发现幼儿的游戏

让游戏点亮童年，已成为幼儿教育者的共识。幼儿自发性的游戏行为有可能属于成人很难注意到的成长中的专属"游戏"，这类游戏并不可笑，而是有着重要的存在价值。

### 案例 2-1-1　假装吃饭

时间：2020.09.27

观察幼儿：姐姐和弟弟

观察地点：家中餐厅

观察者：妈妈

午餐时间到了，4岁的姐姐和2岁的弟弟，围坐在桌子旁边，饭菜还没有上桌，妈妈先把筷子摆到了桌子上，她们便拿着筷子，有模有样地对着空桌子吃起饭来了，只见小姐弟去桌面上夹一下，往嘴里"啊呜"送一口，点着头，吃得津津有味，爸爸说："这儿什么也没有，你俩就吃起来了呀！"

（案例作者：李晓雨　张家口市幼儿园）

看到筷子，姐弟俩想象到了吃饭的场景，因此想象性动作就是假装吃饭，这里有联想，亦有模仿。这就是最初的象征性游戏，再现自己"日常生活"的动作是其主要特征。"吃饭"这个动作脱离了原有的真实情景，是幼儿的自发游戏。幼儿通过简短的不断重复的动作表明了对于"筷子"这一物体的用途的理解，这也帮助他们在游戏中练习使用工具，以更好地适应未来的生活。最初的象征性游戏的出现，代表了幼儿认知的发展，也标志着幼儿思维的进步。

## 二、发现幼儿的生活

幼儿的每一个微小动作都有可能代表着他们对这个世界的自主感知。

### 案例 2-1-2　这是糖豆

时间：2020.09.13

观察幼儿：糖豆（小班）

观察地点：班级区域

观察者：张老师

小二班的孩子们都在玩桌面玩具。糖豆选择了一大盒拼插颗粒，他从五颜六色的积木中，选择了红色的颗粒，然后一个个地拼起来，拼成了许多个长短不等的长条。他将这些长条在桌上进行了排列，然后一个一个地指着说："爸爸，妈妈，爷爷，奶奶。"最后，他指着其中最短的一个说："这是糖豆。"

（案例作者：张勤勤　张家口市幼儿园）

图 2-1　这是糖豆

许多小班幼儿都有类似的行为，有的给不同大小的椅子命名：爸爸、妈妈、宝宝；有的给高矮不同的树命名：爷爷、爸爸、宝宝；等等。出生后的主要生活范围就是家庭，因此幼儿对家庭成员的认知和感知最强烈，生活中熟悉的家庭成员、生活中熟悉的事物让他们产生了关联，产生了代替，产生了以物代物或以物代人的"独特行为"。

糖豆把几块积木排列起来，形成了长短不一的形态，这使他想到了不在眼前的生活中爸爸、妈妈、宝宝的大小不同的关系，糖豆注意到了积木之间的关系和家庭成员之间的关系。以物代物就是将眼前物体和不在眼前的物体之间建立起某种关系。通过以物代物，糖豆为自己创造了特殊的游戏条件，获得了新的发展。

### 三、发现幼儿的学习

幼儿天生就有极强的学习能力，在教育实践中，我们认识到"怎么学"比"学什么"更重要。《指南》中指出，要"重视幼儿的学习品质""幼儿在活动过程中表现出的积极态度和良好行为倾向是终身学习与发展所必需的宝贵品质"。

## 案例 2-1-3　终于抛出了沙包

时间：2019.09.27

观察幼儿：恒恒

观察地点：户外操场

观察者：王老师

今天的户外活动，大贾老师和小贾老师计划和孩子们一起抛沙包。

大沙包在两位老师的手中传来传去，孩子们都被吸引了过来，他们在两位老师之间跑来跑去。2、3个回合后，恒恒停了下来，站在离大贾老师比较近的地方，注视着大沙包传递的路线和方向，当老师接住大沙包的时候，恒恒就将手举过头顶，开心地跳起来。之后他选择站在老师的身后，和老师一起做好两腿前后分开、身体微微向前的接沙包预备姿势，注视着沙包稳稳落入老师的手中。最后恒恒的位置在两位老师的中间，他从左边看向右边，又从右边看向左边，一直注视着沙包在空中划过。

图 2-2　终于抛出了沙包

沙包来到孩子们的中间了。第一次沙包落到了地上，一个男孩迅速捡起了沙包。第二次沙包又落到了地上，恒恒跑过去，不料他跑慢了，沙包被别人捡走了。第三次他不断调整着自己的姿势，向老师伸展开双臂，当沙包落到地上的时候，他过去捡了起来，伙伴们很快向他围了过来，捡起沙包的他却有点犹豫，结果沙包又被抢走了。第四次沙包又滚到了恒恒的脚下，他捡起后，刚刚站起身，又被抢走了。第五次沙包滚到离恒恒不远的地方，他跑过去捡起来，迅速用左手抛到了远远的地方，开心地拍着手跳了起来。第六次小贾老师要抛沙包了，她喊："来，恒恒！"并把沙包抛向了他，他一下子就把沙包稳稳地抱在了怀里，接着转过身，左手弯曲，将沙包举过头顶，助跑了两步，将其抛给了大贾老师，大贾老师稳稳地接住了"啊！好球！"

（案例作者：苏洁　张家口市幼儿园）

幼儿对新奇事物具有与生俱来的学习兴趣。在今天的活动中，恒恒的兴趣不在奔跑，而在拿到沙包并抛出沙包。我们觉察到活动中他的情绪、注意力一直被沙包吸引。兴趣是幼儿自由成长的生命内驱力。兴趣浓厚对幼儿的学习有促进作用，所以作为教育者，保护幼儿的兴趣尤为重要。

自我调节和解决问题的灵活性可以帮助幼儿获得成功。恒恒不断地变换自己的位置、调整自己的节奏，以期拿到渴望的沙包，最后他成功了。他在活动中反复尝试，尝试新方法，不断调整自己的动作，迅速地建构起自己与人的关系、自己与物的关系、自己与环境的关系，学习到今后面对困难时可以采取多种应对策略。

## 第二节　寻找"儿童视角"

北欧的儿童研究者曾提出，要关注"儿童视角"。他们认为发展心理学家在研究儿童时，往往采用的是成人视角，如将童年看作一个随着年龄不断增长而不断成熟的过程，认为成人才是成熟的标志。"儿童视角"强调的是要通过研究努力发现和理解儿童的意义，理解儿童如何积极主动地构建自己的生活，从而为"儿童利益最大化"做出贡献。"儿童视角"意味着我们要"了解"并"理解"儿童，也就是说，不仅要有发展心理学家的眼光，还要有一种对儿童的移情式理解，以达到与他们共享意义世界的目的。

亲爱的老师们，在和班级幼儿讲话时，你是否有意识地蹲下身，保证自己的视线和他们齐平？你在创设园所及班级环境时，会选择哪些材料，选择哪些作品？又会如何评价作品的质量呢？蹲下来，以"儿童视角"去审视我们的环境，去思考这些问题。

### 一、身高不同，视线不同

《3-6岁儿童学习与发展指南》中，男孩身高参考标准为3～4岁：94.9～111.7厘米，4～5岁：100.7～119.2厘米，5～6岁：106.1～125.8厘米，女孩3～4岁：94.1～111.3厘米，4～5岁：99.9～118.9厘米，5～6岁：104.9～125.4厘米。幼儿教师的身高大致为160～175厘米，我们比一比，最矮的教师与最高的大班幼儿身高相差近35厘米，最高的教师与最矮的小班幼儿身高相差更加惊人，近81厘米，几乎接近幼儿的身高。你是否想过自己的面前站着一个比自己高35厘米甚至80厘米的人，或者是面对比自己高三分之一甚至是一倍的人？你有什么感受？你们的视线是一样的吗？

### 案例2-2-1　区域标识

时间：2020.09.13

观察幼儿：小柔（小班）

观察地点：小班教室

观察者：李老师

小柔正在盥洗室参与值日生劳动，隔壁班的张老师走进教室想要借一把剪刀，班里的刘老师因在忙手里的工作，于是请小柔帮张老师去美工区拿剪刀。小柔答应得很响亮，但迟迟没有拿过来，我发现她站在教室中间，茫然失措，犹豫了好一会儿才进入美工区找到剪刀。小柔离开后，我很惊讶，于是走到她刚才站立的位置，可没有发现什么特别之处，但是当我蹲下时，答案出现了。原来，以小柔的身高和视角，在区域标识区是看不到关于剪刀的文字和图画的。显然，此处设立的文具标识是无效的。

（案例作者：李晓雨　张家口市幼儿园）

这个案例出现在学期初班级进行环境创设的时候。班级的位置调整，很多基础性的内容都需要重新调整，区域的位置分布也变了。我们之前经常说要创设把幼儿放在心坎上的环境，让幼儿参与环境创设，在制作区域标识的时候，完全由幼儿参与绘制。可是从案例中不难看出，区域标识呈现位置的高度不合适，导致了区域标识的无效。

我们应将成人的视角转换为幼儿的视角，并将这种视角转换体现到日常工作的细节之中。蹲下来倾听幼儿的心声，并反思在日常工作中，我们是否给予了他们足够的同理心。

### 二、视线不同，世界不同

作为成人，我们的眼睛比孩子的眼睛看得更远。那么，在孩子的视线里，他们看到的风景是什么样的呢？

### 案例 2-2-2　爸爸，抱抱我

时间：2020.11.27

观察幼儿：明明

观察地点：火车站

观察者：王老师

火车站外，准备进站的人们排着长队，明明和爸爸也在队伍之中，他们随着人流艰难地挪动着步子，当终于到了安检大厅的时候，队伍一下子打乱了，大家争先恐后地把自己的行李搬上传输带，明明在慌乱中一下子大哭起来，"爸爸抱抱我，爸爸抱抱我！"爸爸蹲下身来安抚明明的情绪时，看到的是无数双挪动的腿，他一下子体会到了孩子的不安，感觉到了孩子的恐惧和压抑……

（案例作者：张雅琪　张家口市幼儿园）

很多妈妈带孩子去逛商场、超市的时候，看到绚烂的灯光、漂亮的橱窗、诱人的衣服和琳琅满目的食品，兴致都很高，而这时孩子往往很紧张，有些孩子会哭，有些孩子会抱着妈妈的腿不敢走，让妈妈抱，为什么呢？如果我们蹲下来，从孩子的视线去看，就会发现孩子看到最多的东西，是那些忽远忽近不断移动的腿，所以孩子会觉得无聊和有压力。

反思我们的行为，我们爱孩子，但是和他们相处时，我们并没有蹲下来观察他们的世界。

所以，当孩子哭闹时，往往是他们需要成人的陪伴、安慰与帮助的时候，我们不要急于对他们发脾气，甚至给他们贴上不懂事的标签，而是蹲下来，抱抱他们，问问他们的需求，不要让他们陷入困境。

### 三、俯下身，反思我们给予孩子的世界

作为幼儿教师，我们首先要改变的是身体的姿态，俯下身来，观察一下幼儿园的每一个角落。我们会发现，孩子们生活中不符合他们身高视线的环境比比皆是。

#### （一）高高的门把手

活动室里，教师稍稍弯弯手臂，正好可以够到开门的门把手，但是它对于孩子来说是危险又高高在上的，它在孩子鼻子和眉间，开门时，孩子需要将手举到头部才可以旋转，开门对他们来说是一件有难度、不方便又危险的事情。

#### （二）高高的窗户

一间老式的活动室里，窗户距离地面有 140 厘米，孩子身高的视线里全部是冰冷的墙壁，他们无法透过透明的窗户望向窗外。而新活动室的窗台只有 40 厘米，孩子们最喜欢的就是趴在窗台上看着幼儿园的院子，院子里的大树、小草、小花、玩具、小房子、走来走去的人，都让他们感到好奇。

#### （三）高高的橱柜

走廊里、活动室里，孩子和爸爸妈妈精心制作的手工作品被置于高高的橱柜里，被用心地保护了起来，不允许孩子摸，不允许孩子动，甚至不允许孩子看见它们，因为它们被放得太高了。教室里爸爸妈妈们的照片也在高高的墙上贴着，孩子们仰着小脸，看得都累了……

#### （四）高高的标识牌

院子里，每一棵大树上都悬挂着它的名称、习性的标识牌，这体现了生活中处处有教育的理念，然而它们的位置却令人尴尬，孩子们看不到，只有被家长抱着，他们才有可能看到。原来，"以幼儿为本"，我们还不能做到每一个细节之中。

……

孩子每天从太阳升起来到幼儿园，直到太阳落山才离开，在这里他们要生活整整一天，环顾这个教室，我们是为孩子的生活而设立的吗？他们想把自己的作品贴

在作业栏里，够得到吗？想妈妈的时候看看妈妈的照片，他们看得到吗？想到玩具架上取一些玩具来玩，他们方便吗？这些孩子的需求我们可以满足吗？

蹲下来和孩子说话，俯下身看孩子的世界，希望我们从现在开始，坚定地走出从"儿童视角"出发的第一步。环顾环境、改变习惯、反思行为，我们需要不断思考给予孩子的是基于孩子的需要、以孩子为本的，还是基于管理的需要、以成人为本的。把更多的窗户打开，让更多的阳光进来，我们俯下身去，看看孩子的世界，让更贴近他们的环境创设在他们的身边吧！

## 第三节　成人视角与幼儿视角的差异

夏天雨季，你喜欢静坐在窗前，品茶、读书、欣赏窗外雨中的风景，可孩子却喜欢跑到雨中用脚"啪啪"地踩着雨水，看水花四溅。

冬天下雪的时候，你喜欢拍一张张雪景照片，而孩子却喜欢滚到雪中，堆个雪人，打个雪仗。

作为教师的你，发现了吗？其实我们和孩子是多么的不一样！

### 一、"小"世界"大"不同

成人和孩子的眼睛中看到的是截然不同的世界，孩子眼中的世界是五彩缤纷的。

#### 案例 2-3-1　逃难

晚上喝了三杯老酒，不想看书，也不想睡觉，捉一个四岁的孩子华瞻来骑在膝上，同他寻开心。我随口问：

"你最喜欢什么事？"

他仰起头一想，率然地回答：

"逃难。"

我倒有点奇怪："逃难"两字的意义，在他不会懂得，为什么偏偏选择它？倘然懂得，更不应该喜欢了。我就设法探问他：

"你晓得逃难就是什么？"

"就是爸爸、妈妈、宝姐姐、软软……娘姨，大家坐汽车，去看大轮船。"

啊！原来他的"逃难"的观念是这样的！他所见的"逃难"，是"逃难"的这一面！这真是最可喜欢的事！

......

他们逃难回来以后，常常拿香烟篓子来叠作栏杆、小桥、汽车、轮船、帆船；常常问我关于轮船、帆船的事；墙壁上及门上又常常有有色粉笔画的轮船、帆船、亭子、石桥的壁画出现。可见这"逃难"，在他们脑中有难忘的欢乐的印象。所以今晚我无端地问华瞻最欢喜什么事，他立刻选定这"逃难"。原来他所见的，是"逃难"的这一面。

（节选自丰子恺的《从孩子得到的启示》）

这个小故事真实地向我们展示着孩子与成人看问题的不同视角。在作者的眼中，"逃难"是多么惊慌、紧张的一种经历！从孩子的视角看，逃难竟然是十分有趣的事情，"素来难得全家出游的机会，素来少有坐汽车、游览、参观的机会"，逃难的时候看到了。"那一天不论时，不论钱，浪漫地、豪爽地、痛快地举行这游历，实在是人生难得的快事！"

从孩子的视角看世界，这世界的一切，没有利与弊。如果我们都如孩子一般，拥有对世界的好奇与热情，那将何等快乐！丰子恺说得到了孩子的启示："他能撤去世间事物的因果关系的网，看见事物的本身的真相。""只有小孩子真果感得这快味！"这是成人应该向孩子学习的一种生活境界。

## 二、了解孩子情绪背后的秘密

孩子有时会莫名地哭闹、发脾气，并拒绝成人的安抚，或者说是成人想尽方法仍然安抚不住，这时成人便认为是孩子任性。其实成人眼中的无理取闹，有可能是孩子到了心理发展的敏感期，受自身发展的迫切需要，他们正在为自己的发展和权利，竭尽全力地争取和斗争，这个秘密需要成人去了解、去理解。

### 案例 2-3-2　这是我爸爸的位置

时间：2020.09.27

观察幼儿：节目中的小男孩

观察地点：综艺节目

观察者：王老师

有一档综艺节目，主持人和嘉宾在城市中寻找普通的市民家庭，得到允许后会跟随他们一起享用晚餐，然后边进餐边分享故事，很感人。

有一天，他们来到一对普通的年轻夫妇家中，家里有一个 3 岁左右的小男孩。进入他们家中，嘉宾们开始坐在客厅聊天，小男孩在旁边玩着，他和爸爸非常亲密，玩的过程中经常回到爸爸的怀抱，和爸爸互动。

妈妈摆好了饭菜，晚餐时间到了，主人邀请客人们来到餐桌旁，小男孩已经吃过饭了，正在客厅里玩着，孩子的爸爸安排主持人坐在自己每天吃饭时的座位上。爸爸、妈妈和其他嘉宾依次落座在其他的座位上，大家刚一落座，孩子远远地就看见了，急急忙忙放下手中的玩具跑了过来，一边跑一边哭了起来。妈妈抱起他来，安慰他，没想到他哭得更厉害了，指着主持人坐着的座位说："这是我爸爸的位置！"妈妈试图跟他讲道理，孩子却哭得声音更大了，固执地指着座位说："这是我爸爸的位置！"不让主持人坐在这里。后来爸爸从妈妈的手里抱过孩子，走到了另一个房间，关上了门，独自和孩子谈话。

过了好一会儿，房间里的哭声才平息下来，爸爸和孩子走了出来，孩子已经擦干了眼泪，这时成人们才得以落座进餐分享故事。

（案例作者：王富荣　张家口市幼儿园）

看到这里，节目下的评论区里都是对小男孩的责备，说孩子的性格太差，乱发脾气，没有礼貌。其实不然，3岁的孩子处于秩序感建立的关键时期，小男孩的心中已经对爸爸的座位形成了深刻的记忆模式，别人坐了爸爸的座位，打乱了孩子内心的秩序才是孩子哭闹的主要原因。儿童的心理发展中有多次敏感期，对秩序的敏感是其中之一，大多数情况下，他们发脾气很可能是由于他们的敏感性。

蒙台梭利说，儿童对秩序的热爱不同于成人，秩序给成人某种外在的快乐，对儿童则是一种自然的快乐，是心灵的快乐和心理的发展与满足，如果有环境阻碍了这种满足，孩子就会不安、发脾气，甚至焦躁、生病。只要满足了孩子对秩序敏感的需要，孩子就会恢复平静。因此上述案例正确的做法是爸爸应该坐回自己的座位，保护孩子秩序敏感期的需要，而不是用别的东西转移孩子的注意力。

### 三、触摸游戏背后的发展内驱力

孩子们都喜欢触摸游戏，这能满足他们要用多种感官去感知世界的需要。多项研究表明，婴幼儿早期有较多抚触经验、感官游戏刺激的孩子，其脑容量比没有的要多20%～30%，丰富的神经刺激，对孩子大脑的发育、智力的发展，起着重要的作用。

**案例 2-3-3　玩油的、玩面的和玩鱼的**

时间：2019.07.26

观察幼儿：大虎、小虎、宝宝、丫丫

观察地点：家中

观察者：妈妈

大虎和小虎2岁了，是一对双胞胎，有一次哥俩儿在房间的角落里，他们把手放到一个奶奶储存油的小盆里，不停在里边抓呀抓呀，两个人玩了好长时间，他们都沉浸在自己的世界中，以至于大人叫他们的声音都没有听到。

宝宝是个4岁的小男孩，每次妈妈做饭的时候，他都喜欢跟在妈妈后面。他最喜欢做的事情，就是央求妈妈给他一小块面团，这块面团在他的手里像宝贝一样，揉呀揉，揉呀揉，他喜欢揉面团的感觉。

图2-3 爱玩面的宝宝

只要妈妈在刮鱼鳞，丫丫一定要蹲在旁边，她用手反复摸着鱼鳞光滑的一面和逆着的一面，感受两种不同的感觉，一面是非常光滑的，一面是虽然光滑但有一点倒刺的，那种感觉真是奇妙。

（案例作者：刘婷　张家口市幼儿园）

玩油的，成人觉得弄脏了油；玩面的，成人觉得浪费了面；玩鱼的，成人觉得很脏、很腥，这些成人眼中带有淘气的玩的意味甚至是捣乱意味的"游戏"，在孩子眼中都是基于发展内驱力的"工作"，成人屡屡想把孩子支走，而孩子则固执地不肯走。如果成人满足了孩子的需求，孩子就会久久地沉浸在触摸与感受之中，我们就会看到孩子的发展内驱力在促使他们不由自主地探索和感知。

### 四、走进孩子

看清孩子的世界，读懂孩子的美好，需要我们转变思想理念，掌握一种看清事物的方法。否则我们迷惑的双眼、蒙蔽的思想，将在孩子成长的不经意间造成无法弥补的伤害。

#### （一）不要剥夺

如果干涉孩子的学习、娱乐和兴趣等，成人眼中这些表达"爱""心疼""呵护"和"照顾"的行为，在孩子眼中则是夺走他们发展权利的行为。因此，不要用我们惯有的思维夺走孩子成长的快乐，要相信孩子所经历的一切都是他们精神成长必不可少的财富。

## （二）要向孩子学习

许多教育家都认为个体的成长是对人类的历史发展的重演。蒙台梭利说，"是儿童创造了成人；不经历童年，不经过儿童的创造，就不存在成人。"刘晓东在《儿童精神哲学》一书中指出，这一思想对于传统儿童观的现代转换具有重要意义，它可以促使教师进一步认识儿童、尊重儿童。

总之，我们要关心孩子的快乐和悲伤，了解孩子的心灵，时刻都不忘记自己也曾经是个孩子。

## 第四节　教师视角与幼儿视角的融合

教师要学会站在幼儿的角度考虑问题、分析问题和解决问题，切不可只求表面而无视幼儿的感受与身心发展需要，那样是无法走进幼儿的内心，更加无法得到他们的认同的。

### 案例 2-4-1　小三班的区域时间

时间：2019.03.19

观察幼儿：月月、昊辰、双胞胎姐妹

观察地点：班级区域

观察者：宋老师

四月的一天，小三班的"医院"里，"护士"（月月）专心照顾着生病的娃娃，她正在给病床上的娃娃盖被子，她反反复复地把小被子拿起、盖上、拿起、盖上，好像生怕没给宝宝盖好。旁边有两个刚刚穿上护士服的幼儿，她们正低声地谈着些什么。这时一位"小医生"抱着娃娃忽然着急地喊起来："大家快来，大家快来，她的手受伤了。"

图 2-4　说悄悄话的"护士"

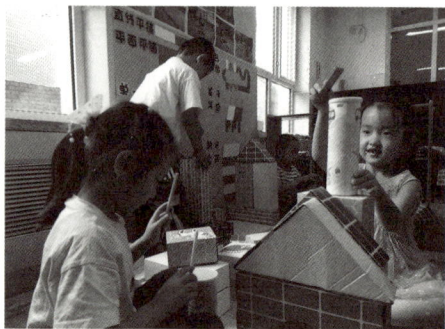

图 2-5　敲敲打打的建构区

一个老师和好几个孩子在附近的建构区，这里的场面热闹且有些混乱，几个孩子在搭建，其中一对双胞胎姐妹用一块小木头敲打着搭建好的易拉罐和纸盒砖，一会儿敲敲易拉罐，一会儿敲敲纸盒砖，她们和着节奏，高兴地唱着歌，老师制止了她们的敲打，姐姐生气地大喊了起来。

（案例作者：宋梦卿　张家口市幼儿园）

这些是幼儿园生活中常见的游戏情景，作为教师的你，观察到的是下面这样的答案吗？

## 一、教师的视角

"小医院"中的几位幼儿游戏水平不高，没有角色意识，伙伴间没有合作互动；建构区内秩序混乱，没有建立起良好的常规，搭建行为不够规范，不能做到安静搭建。

这些观点表明了通常意义下教师对幼儿游戏水平状态的观察记录，从某种程度上可以称为教师的视角。如果这时的你，就此离开了幼儿，将丢失掉认识幼儿的好机会，请不要离开，请继续观察接下来发生的事情。

"小医生"喊人的时候，旁边的小朋友没有人回应他，他的目光开始四处寻找起来，当和老师的眼神碰在一起的时候，老师回应了他的需求，来到他的身边，在老师的协助下，"小医生"在娃娃受伤的手上打了一"针"，听说老师的肚子有些"痛"，他又在老师的肚子上打了一"针"。

我们将观察的时间可以再拉长一点，双胞胎姐妹在教师制止后没多久，又开始敲打起窗台来，并再次沉浸在歌唱中。接下来一个多月的时间里，教师经常看到双胞胎姐妹对各种物体敲敲打打，她们好像对物体发出的声音特别感兴趣，尤其喜欢那些明显不同的声音，很显然，在成人看来略显刺耳的节奏给她们带来了快乐。

## 二、幼儿的视角

"宝宝生病了，谁来救救宝宝？"

"宝宝睡着了吗？盖好被子。"

"这两种声音好像不一样哎！"

试着忽略评价幼儿游戏水平的高低，而思考游戏中幼儿的内心语言是什么？是否会与我们看到的有所不同？答案是肯定的。成人只是看到了幼儿的表象行为，往往忽视了他们内在的兴趣与需求。

至此，我们忽然意识到由于之前被自己的主观意识左右，我们教师没能看到幼儿游戏的全貌，更不能从他们的视角看到游戏中的问题所在。"小医生"和"护士"并不是没有互动，只是由于他们还处在独自游戏阶段，无法互动。由年龄特点与游戏经验、生活经验所决定的游戏水平，幼儿们也无法左右。初到幼儿园，他们的社会性发展刚刚起步，学习和家庭亲人以外的成人交流游戏，是这一阶段的主要特点，慢慢地他们才会发展出和同伴游戏互动的行为；自己究竟是医生还是患者，他们往往也分不清，想象娃娃生病了后，他们以为自己是娃娃的妈妈或是娃娃本人，这时教师出现了，进入了游戏，将他们带入情境中，他们又很快恢复到"医生"的角色。而对于建构区的双胞胎姐妹来说，这些材料想怎么玩，喜欢怎么玩，直觉应该怎么玩，都是基于她们的兴趣以及对事物的探究经验而来的，她们并不知道教师赋予建构区的意义。

虽然幼儿们的语言还无法完全表达出他们的想法和思想，但是教师可以通过他们纯真而简单的表情、眼神、动作、行为等一窥究竟。"小医院"的游戏中，有幼儿自发的动作发展，如"小护士"的温柔呵护、"小医生"的焦急，他们的爱、呵护等情感在萌发；建构区的"敲打"中幼儿借助听觉的发展，发现了生活中的韵律、节奏，艺术欣赏美的能力不断提高。在日常工作中，我们能发现工具（如剪刀）的使用能促进他们小肌肉的发展，同时创造一次次灵活解决问题的契机。这些无一不对他们今后的生活有着无比重要的意义。

### 三、教师的视角应该向幼儿的视角靠近

作为成人，我们距离自己的童年太遥远了，太多的时候，我们已经忘记自己孩童时的梦想和期盼了。

让我们一起从幼儿的视角出发，学习更好地理解他们，了解他们当下在想什么，在做什么，努力地通过观察和他们靠得更近吧！

### （一）持续的观察

持续地观察和评估幼儿的行为，有助于教师了解他们真实的发展历程。在较短的时间内对幼儿进行观察，并科学地解读幼儿的行为是困难的，但是将观察的时间变长，或者对某个幼儿、某类行为进行持续的观察，那些新出现的或是与以往不同的游戏行为则会帮助教师得出明晰的结论。

比如，角色区扮演游戏确实是适合幼儿社会性发展的。独自游戏、平行游戏、联合游戏、合作游戏，幼儿的社会性游戏发展经历了这几个阶段。单从某个年龄段的幼儿身上比较难看到它的发展历程，只有持续的观察，才能发现幼儿在前一阶段基础上的成长和提高，才能看到建立在幼儿自己的生活经验和已有认知上不同的成长节奏和不同的游戏水平。案例中的"小医院"幼儿处在独自游戏和平行游戏阶段，这是一个过渡阶段，是他们迈向合作游戏的一个必不可少的阶段。没有现在的基础，他们就无法发展出更高级的社会性行为。教师认为幼儿应该达到的水平和幼儿的真实水平差距有多大，教师应该去追随幼儿还是让幼儿去追赶教师，都是我们要思考的问题。

**（二）制订计划的观察**

幼儿为什么会对类似于打击乐的活动感兴趣，幼儿的生活中哪些丰富的经历会有助于他们的角色扮演？观察幼儿角色扮演中的语言发展还是动作发展？观察幼儿合作意识的萌芽还是幼儿间冲突的发生与解决？观察某一个幼儿的行为还是了解全班幼儿在某一方面的能力现状？做好这些计划后，你再去观察，我想每一次的观察你一定会有所发现。

**（三）发展观察的技能**

做好准备，跟幼儿一起走进他们的世界了吗？他们给了你期待已久的真真切切的答案还是出乎意料的惊喜呢？我们需要不断发展与完善自己的观察技能，才能从容地面对不断发展的幼儿，才能更好地解读幼儿。

（1）记录。观察之后对幼儿进行解读与分析，记录的作用尤为重要。可以用多种图文信息方式记录幼儿的游戏，如记录表，学习故事，教育随笔，照片、视频和录音等。

（2）倾听。和幼儿对话，有助于我们更清楚地了解他们。看一看他们的表情，用一次他们用过的剪刀，敲打一下他们敲打的积木，静心倾听它们撞击发出的声音，放缓节奏好好地和他们谈一谈。

（3）思考。通过观察，教师可以向自己提出问题，幼儿正在做的是什么？哪些生活经验使他们产生了如此的兴趣？我们可以创造哪些环境来支持他们的发展？哪些经验的丰富将有助于他们继续探索？

教师对幼儿的成长意义重大。教师的观察，不应干预幼儿的行动，而是和他们一起解决他们面对的问题。例如，观察美工区的教师，可以通过和幼儿对话，了解并启发幼儿寻找班级里所有不好用的剪刀，并把剪刀调节好，然后再让他们检验试用，使原本不好用的剪刀最终变成他们用起来得心应手的好剪刀。此外，区域里还可以设置"捏夹子""海绵挤水""揉报纸""抓水球""打蛋器打泡沫"等小游戏，用来锻炼幼儿们的手指、手掌、手腕、手臂。

观察幼儿，读懂幼儿，对于教师和幼儿，都是一种幸福。

# 第三章
# 走进孩子的内心

在万物的秩序中，人类有他的地位；在人生的秩序中，童年有他的地位；应把成人看作成人，把孩子看作孩子。

——卢梭

《鱼就是鱼》是一个寓言故事。故事中的青蛙回到池塘，向鱼讲述了它在陆地上看到的那些东西：鸟、奶牛和人。鱼儿听完青蛙的描述后，脑子里呈现了鸟、奶牛和人的画面：每一样东西都带有"鱼"的形状，鸟是长着翅膀的鱼，奶牛是长着乳房有黑白斑点的鱼，人是能用鱼尾站立走路的鱼。故事里的小鱼，对这个世界充满了好奇心，就如孩子一样，对大自然中的每一个瞬间有强大的探索欲和求知欲。小鱼的每一种想象都是从头脑中已有的经验出发，再创造出来的新形象。就像瑞士心理学家皮亚杰提出的"同化"和"顺应"理论一样，孩子的认知结构是在相同数量不断扩充的"同化"之后，才会在认知结构上发生性质的改变，达到"顺应"的结果。成人想象中很容易的事情，对于孩子来说可能不是那么简单，因为孩子是凭自己的先前认知来理解的，孩子的前期经验决定着他对某种事物的理解和认知。鱼就是鱼，孩子就是孩子，每个孩子都是一个独特的个体，都有属于他自己的生存环境和规律。作为成人，我们一定要遵循孩子的成长规律，因为，鱼就是鱼，孩子就是孩子。

## 第一节　妈妈，你在哪里

孩子从家走进幼儿园，迈出了他们社会化成长的第一步。孩子刚入园时的心理活动远比我们想象的复杂，离开亲人、进入陌生的幼儿园是孩子心理生活中的重大事件。独立面对一个全新的环境，孩子难免产生害怕的心理。如果处理不当，粗暴地实行亲子分离，会使孩子骤然产生强大的不安全感，有时甚至会造成他们的心理创伤，对其未来的成年生活造成不良影响，这提示我们必须重新审视入园对孩子身心健康发展的重大意义。

## 一、入园的哭声

从实践中我们不难看到，分离焦虑重的孩子会在入园后的很长一段时间里有比较明显的生理反应，出现头痛、腹痛、恶心等躯体症状。即使分离焦虑比较轻的孩子也普遍会出现一些消极的心理反应，如烦躁、注意力分散、情绪低落等。每个新生入园的早上，都是教师最忙碌、最紧张的环节，场面一度堪比"事故现场"。教师怎样用爱和专业引领帮助孩子度过这个焦虑期呢？

### 案例 3-1-1　爱哭的涵涵

时间：2019.09.11

观察幼儿：涵涵

观察地点：活动室

观察者：牛老师

小班的涵涵有比较严重的入园焦虑，表现在进班哭闹严重，总是要老师和家长连哄带骗好久才能止住哭声。她也不爱参加集体活动，总喜欢自己一个人玩，谁也不理。每天吃饭、睡觉都不顺利，一到睡午觉的时候就大哭不止，怎么哄也停不下来。由于涵涵的妈妈工作单位比较远，所以每天早上总是很早就把孩子送到幼儿园，每当这个时候，涵涵就一个人坐到角落里，看着很可怜。王老师是一个经验丰富的老师，看到涵涵这样心里也不是滋味，但是她知道不能盲目去制止她的哭声。通过两天的观察，她想到了一个办法：就是让每天第一个来班的涵涵帮她摆小朋友的小椅子。一开始涵涵还是怯怯的不敢动，王老师就鼓励她，陪着她一个小椅子一个小椅子地摆，后来慢慢地涵涵就不需要王老师的帮助了，再后来她每天来了班里第一件事就是摆小椅子，都忘记哭泣了。看到涵涵进步这么大，老师和家长都非常高兴。

（案例作者：牛丽峰　怀来县府前幼儿园）

你是否也因为孩子撕心裂肺的哭声而感到心疼？是否在和家长交接孩子时被打、被踢、被咬过呢？又是否会因为孩子的这些行为而生气？是否在这个刚哄好，那个又哭时感到片刻烦躁？或许我们的答案都是肯定的。案例中的王老师遇到"爱哭"的涵涵时，并没有马上制止她的哭声，而是通过观察她的行为及焦虑反应，巧妙地用一个"摆椅子"的办法缓解了她的焦虑。涵涵也在帮教师摆椅子的过程中找到了自己在这个集体中的位置，把班级当作自己的另一个家，在自己家里哪还会焦虑、紧张呢，所以涵涵自然就不再哭了。

是的，孩子就是孩子，他们在用不同的方式表达自己的情绪，我们要理解孩子的行为，帮助他们用正确的方式表达情绪，建立对周围世界的信赖。小班的孩子同样是需要归属感的，当他们通过自己的劳动找到在集体中的定位后，入园焦虑的问题自然就迎刃而解了。

### 二、无声的焦虑

有的孩子用大声哭闹来宣泄自己紧张、焦虑的情绪，在教师的正确引导下，一点点建立了对新环境的安全感，快速地适应了幼儿园生活。哭闹是孩子表达情绪的权利。那么，不哭的孩子就真的没有害怕、恐惧、焦虑的情绪吗？他们是真的适应了这个陌生的环境吗？

### 案例 3-1-2　哭都不是好孩子

时间：2019.09.05

观察幼儿：熙熙

观察地点：活动室

观察者：牛老师

早餐时间刚刚结束，有的孩子停止了哭闹，已经开始玩积木、看书，进行各种活动了；还有的跟着老师团团转，不停哭泣着；也有的孩子坐在自己小椅子上，眼睛盯着老师，默默地掉眼泪。

这时，老师发现熙熙坐在自己的小椅子上，手里拿着积木，眼睛看着坐在另一组正在哭的辰辰出神。老师走过去，俯下身来摸了摸熙熙的头说："熙熙真乖，看看你用积木能搭座大房子吗？"熙熙眼睛看向老师，小眼睛瞪得溜圆，小嘴一噘说："哭都不是好孩子，我不哭！""嗯，熙熙最乖了。""老师，妈妈说哭都不是好孩子！"熙熙又重复了一次，"我要哭，

图 3-2　我没有哭

就不是好孩子，妈妈都不来接我了。"熙熙在自言自语中，说话的腔调已经变味了，眼泪也在眼眶打转，但还在自语自语地"安慰"自己，嘴里念叨着"我不哭，哭就不是好孩子"。

老师听到熙熙一次次重复的话语，明白了熙熙妈妈在家时，为了不让孩子哭，一定多次强调了这句话，以至于现在的熙熙，想哭也不敢哭，而是压抑着自己的哭声。

于是，老师拉起熙熙的手说："没关系的，宝贝，这是我们第一次离开妈妈这么久，很可能会想妈妈呀，如果你想妈妈，想哭就哭出来吧！哭也是好孩子的，妈妈不会不接你的！"熙熙含泪看向老师，眼中的泪花再也控制不住，哇的一声哭了出来："我想妈妈，我想妈妈了……"老师赶紧抱住了熙熙："孩子，想妈妈就哭一会吧！"

（案例作者：牛丽峰　怀来县府前幼儿园）

这种"懂事"的孩子更让人心疼，只因听从妈妈的嘱咐"哭就不是好孩子"，便隐藏了伤心、害怕的情绪，强忍着泪水。教师通过观察，发现熙熙一直紧盯哭着的辰辰，她虽然没哭但内心的情绪也在波动，教师的一句"没关系的，哭也是好孩子"，肯定了孩子的情绪，给了她勇敢表达自己情绪的勇气，让她放声大哭，释放自己的焦虑不安。

从上述两个案例中孩子的两种不同表现，不难看出，入园分离焦虑的表现与孩子的气质类型有着极为密切的关系。气质类型不同，孩子分离焦虑的表现形式也不同。

气质类型通常分为多血质、胆汁质、抑郁质和黏液质四类。涵涵的表现是典型的多血质类型，这类孩子初入园时情绪反应明显，常表现为大声哭泣，但他们的情绪易受外界环境变化的影响。案例中的涵涵属于多血质类型，教师用"摆小椅子"的方法既缓解了她的焦虑情绪，又让她找到了自我价值，不过这种类型的孩子情绪也容易反复。面对这种类型的孩子，教师要特别热情、耐心地对待他们。当他们哭闹时，可以适时转移他们的注意力，寻找针对性的措施和方式。比如，可以把孩子抱在怀里，耐心与他们交谈，也可以通过游戏、讲故事、一起表演等多种方式吸引他们的注意力。

熙熙则属于黏液质类型，这类孩子通常情绪较稳定，自制力也较强，不易激动，也不易流露感情，但缺乏灵活性。妈妈多次强调的话，让本来挺有信心的熙熙有了心理负担，压抑在内心的哭声不敢释放出来。当她得到了释放和安慰，她的内心不再恐慌，也能够参与到各种活动中来了。面对这些听话的、乖巧的、善于隐藏自己内心想法的孩子，家长和教师不能再给他们更大的心理压力，"哭就不是好孩子""哭就不来接你回家"等语言，会让孩子感到更加手足无措，无法用正确的方式表达情感。长期压抑情绪，孩子幼小的心灵会埋下不安的种子。

### 三、走进孩子内心，与孩子情感共鸣

所谓焦虑就是指个人预感到即将面临不良处境时的一种紧张情绪。入园焦虑，即由入园导致的生活规律及周围环境的转变给幼儿园孩子造成的心理负担。小班新

生平均年龄为3岁，绝大部分自理能力较差，依恋情绪明显，分离焦虑现象严重。能否合理疏导新入园孩子的分离焦虑、尽早建立良好的一日常规是考验一个幼儿教师专业性的重要指标。

首先，教师的个人形象、态度和个性，代表了教师本人的亲和力和能否吸引孩子。在这个对于孩子来说十分陌生的幼儿园里，要使孩子快速适应，减少焦虑，就要"对症下药"。幼儿教师能否像妈妈一样耐心指导孩子盥洗，充满爱心地拥抱情绪激动的孩子，以及采取其他有效的安抚孩子焦虑情绪的方法，直接影响孩子的焦虑持续时间和程度。

其次，教师需要有一双善于发现问题的眼睛，同时能蹲下来和孩子交流，真心地与孩子亲近，善于运用正面鼓励的方法等，如果教师用这样的心弦去对准孩子内心深处的音调，他们能不爱幼儿园？能不喜欢教师？能不快速地适应幼儿园生活吗？答案一定是否定的。所谓"亲其师，信其道"。作为教师，我们要以饱满的热情和真挚的关心去影响孩子，用浓浓的"爱"去"浇灌"他们，用我们专业的知识去观察和分析他们的行为，让他们对幼儿园、对教师产生熟悉感、亲切感和信任感。

最后，缓解孩子的入园焦虑不仅仅是幼儿园的事。苏霍姆林斯基说："只有学校教育而无家庭教育，或只有家庭教育而无学校教育，都不可能完成培养人这样一个极其细微的任务。"因此，要重视孩子入园前的家园交流，入园前要做好前期准备，如让孩子在家中的作息时间与幼儿园保持一致等；通过调查问卷的形式了解孩子的性格、气质特点，然后针对每一类型特点，采取有针对性的方法，家园合力使每一个孩子平稳、快速地度过这个特殊的时期。

每个孩子心中都有一根独特的琴弦，拨动它就会发出特别的声响，要使孩子同我们共鸣，我们就需要同孩子的心弦对准音调。只有带着理解的心、接纳的心，我们才能走进孩子的内心，听懂孩子的语言，看见孩子的样子。

## 第二节　我不想睡午觉

九月正值幼儿园新学期开学之际，也是小班孩子从家庭过渡到幼儿园的关键时期，是他们初步适应幼儿园生活的关键时期，意味着他们要由家庭走向"社会"，从这一刻起，他们就迈出了家门真正走进了幼儿园。面对幼儿园陌生的人群与环境，孩子们仿佛吹响了哭闹的"集结号"，整个活动室汇成了焦虑的海洋。

这一时期，孩子面对陌生的环境、陌生的教师、陌生的同伴，会出现哭闹、不正常进餐、不正常午睡的焦虑表现。小班3岁左右的孩子身心发展还不够完善，初次踏入"社会"，存在较多的不适应，如他们哭闹、喊叫、打滚，不让父母离开，无视教师的安慰，拒绝吃饭、睡觉，拒绝和其他小朋友一起做游戏等。孩子来自不同的家庭，彼此之间也存在个体差异，需要家长同教师双方合作发力，帮助他们适应幼儿园生活，形成积极的情绪，促进身心的健康发展。

## 一、缓解焦虑，急不得

在幼儿园里，孩子是稚嫩而脆弱的群体，需要得到教师的关心和照顾。诸多焦虑行为表现中，"午睡困难"让教师很为困扰，身为一线教师，如何将幼儿园的午睡管理做得科学、有效、精细，如何通过细致入微的观察"诊断"孩子的问题并用合理的方法解决问题都需要我们共同探讨。

### 案例 3-2-1　心爱的小熊

时间：2018.10.10

观察幼儿：月月

观察地点：幼儿寝室

观察者：马老师

月月每天入园时总会带着她的布偶小熊，而且还亲自给她穿上自己设计的衣服。在幼儿园一日生活中，无论活动、游戏、吃饭还是午睡都要抱着。

今天午睡时，我尝试拿走小熊放在柜子里，但她又哭又闹，喊着："我不想睡觉，我要小熊陪我。"尝试失败，我只能向她"妥协"。像往常一样，月月抱着小熊走进寝室。看着月月在床上摆弄她的小熊，我担心会影响孩子睡觉，于是换了一种方式和月月沟通。"月月可以让小熊休息一会吗？它今天估计也很累，我

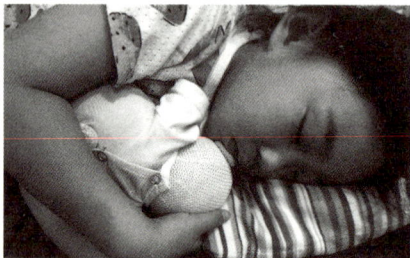

图 3-3　抱小熊睡觉的月月

们把它放到柜子里休息吧。"这次月月没有拒绝我，慢慢地走到柜子前面放了进去，随后便走向寝室躺在床上，这时的我暗暗窃喜。可是当我转身照看其他小朋友的时候，只听见她"哇"一声哭了起来。我以为是和小朋友发生了冲突，走过去只见月月委屈地对我说："我不想睡觉，不想睡觉！"我忙抱着安慰她问"怎么了？""我想让小熊陪我睡……"于是，有些自责的我把小熊放在了她的床边，她双手抱着小熊慢慢地平静了下来……

（案例作者：马倩　安新县县直机关幼儿园）

当孩子来到幼儿园这个陌生的新环境中，与形影不离的家人分开，对于外界的一切都感到不适应，他们的情绪是焦虑不安的，有时需要通过一件熟悉的物品诸如小手帕、小毛毯、小玩偶等，替代和转移他们的分离焦虑。月月第一次与妈妈长时间分开，因此只能通过对小熊的情感寄托，来转移对妈妈的思念。案例中教师让孩子脱离"依恋物"的急切心情，没有考虑到孩子的内心需要。"小熊"对于她是熟悉且心爱的玩物、好朋友，是幼儿园中她与家庭的"连接物"。教师要尊重孩子的"依恋物"，不能贸然"斩断"他们的情感依恋，可以通过适当引导，转移孩子的注意力，逐步过渡，让孩子对幼儿园的一日生活有可预见性。假以时日，孩子会慢慢减弱对依恋物的依恋程度。

依恋物的背后是情感的依恋，因此有效的家园合作，可以更好地帮助孩子平稳度过分离焦虑期，进而减少对依恋物的关注。比如：早晨入园时，教师温柔地与孩子打招呼、拥抱孩子；家长告知孩子接他们的具体时间，让孩子对回家有所期待；教师可以鼓励孩子与家长正式道别，并表扬孩子"做得很好"，及时奖励孩子的正向行为；当发现孩子对某物有依恋现象，家长也不可斥责孩子，家庭成员要轮流多陪伴孩子游戏；此外，家长可邀请孩子的同伴来家中玩耍，帮助建立孩子的个人交际圈。

作为教师，我们有双重责任，在协助家长的同时，也让家长放心，这样孩子才会安心、安然地度过幼儿园生活。

## 二、缓解焦虑，需放手

教育家陈鹤琴先生提出："凡是儿童自己能做的事应当让他自己做。"蒙台梭利指出："任何教育活动，如果对幼儿教育有效，那么就必须帮助幼儿在独立的道路上前进。"是否具备生活自理能力，将影响到孩子未来的生活状态、身体状况甚至今后的发展。特别是小班孩子初入园时，进入新环境，自己什么都不会做，如不会吃饭、不能穿脱衣服甚至不能自己大小便……这些"拦路虎"无疑让他们更难适应幼儿园生活。

### 案例 3-2-2　依赖的小明

时间：2019.10.15

观察幼儿：小明

观察地点：幼儿寝室

观察者：马老师

准备上床睡觉了，其他小朋友都忙着自己的事情——脱鞋、脱衣服、盖被子等，只有小明站在床边一动不动，眼里还泛着泪花。刘老师走过去问："小明，你怎么还不上床睡觉呢？""我不会脱鞋。""那你就先脱上衣，一会老师来帮你。"小明还是不动站在那里，眼睛一直看着老师，等待帮忙。最后刘老师只好帮助小明脱掉鞋和衣服。但是小明不会盖被子，刘老师又帮他把被子盖好，他却又哭着说："老师擦鼻涕，想妈妈，不睡觉！"刘老师轻轻拍着他安慰说："你先躺好闭上眼睛，我一会儿来陪你好吗？"等老师安顿好其他孩子时转身一看，小明还在睁着眼睛一直等老师陪他，刘老师坐在床边轻轻地拍抚着，不久小明就睡着了。起床后，小明坐着不动，直到大家穿好后，一直等待老师帮忙，如果不帮他，他会一直等。为了不耽误孩子进行下个环节的活动，老师只好妥协帮忙。

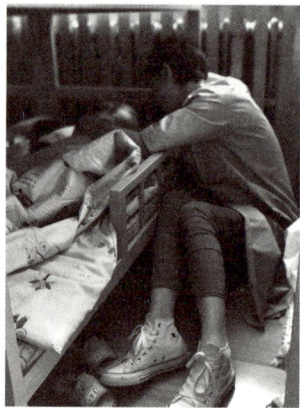

图 3-4　老师，我要你陪着我

（案例作者：马倩　安新县县直机关幼儿园）

　　刚入园的小班孩子常常在午睡时的穿脱衣服环节变得手足无措，自信心受到打击，这也是他们不愿意睡午觉的原因。案例中的小明从小由爷爷奶奶带大，被照顾得十分周到，老人从来没有尝试让孩子做过穿衣服、独立吃饭等力所能及的事情，以至于他过度依赖成人的帮助，自己没有动手的意识，害怕尝试。但是教师又急于让孩子睡觉，只能妥协，而教师的帮助又强化了小明的依赖性。

　　小班孩子刚刚离开家庭来到幼儿园集体中，很多孩子在家里几乎被包办了全部的生活，他们缺少自己练习的机会，这会使他们有很强的依赖心理。在幼儿园里，一些小班孩子遇到困难，首先想到的不是如何去解决，而是求助。罗伯斯说过："爱是深深的理解和接受。"如何接纳孩子的"不会"值得我们深思，我们要引导孩子初步建立自信，提升孩子生活的经验，"寓教于乐，寓教于玩"，通过游戏活动提升孩子的自理能力，温柔而坚定地帮助孩子克服依赖心理。

　　《纲要》在"健康"领域中把"生活、卫生习惯良好，有基本的生活自理能力"列为目标。根据《纲要》精神，教师既要高度重视和满足孩子被保护、被照顾的需要，又要尊重和满足他们不断增长的独立要求。午睡这一环节是培养孩子良好生活能力，提升自我服务能力的最佳时机，我们要根据孩子的情况，循序渐进地帮助孩子建立良好的生活习惯。

### 三、只有了解，才能信任

我们要牢固树立"以幼儿为本"的观念，尊重孩子的生活与发展规律，让教育去适应孩子，而不是让孩子适应教育，淡化规则放慢引导的速度，给孩子逐步过渡的时间和空间。

孩子入园焦虑的表现常有哭闹、拒绝入园、睡眠障碍、用餐困难等。引起孩子焦虑的原因不尽相同，有的是因为依恋家人，有的是因为自理能力弱，还有的是因为生活作息方式的变化等。不同原因的入园焦虑有不同的处理方法，不能一概而论，要认真观察孩子，分析其焦虑的原因，有针对性地提出解决的方案。

**（一）以同理心关怀孩子，逐渐帮助孩子建立新的依恋关系**

同理心即换位思考，体会他人的情绪，理解他人的感受，并能站在他人的立场上思考问题。注意到孩子的焦虑情绪时，如果教师的第一反应是去制止，往往会起到反作用，孩子会因为害怕、得不到理解而哭得更凶。因此，教师应当接纳孩子的感受，理解孩子的行为，让他信任自己，陪他一起度过这段时光。

**（二）以观察为前提，和孩子有效互动**

面对焦虑，每个孩子的表现不同。在实践中，教师往往要一下子面对十几个甚至几十个不同"反应"的孩子，工作量之大可想而知，但是这样大的情绪疏导工作，教师不能自乱阵脚，而是要先调整自己的情绪，用接纳和理解的心态去观察孩子。有时候不必急于求成，走近孩子了解他，才能真正切中问题要害，寻找有效的解决方法。

**（三）引导家长积极配合，家园联动帮助孩子融入集体生活**

家庭在缓解孩子入园焦虑方面起着决定性的作用。良好的生活自理能力是孩子适应幼儿园生活的前提，入园前家长可尝试让孩子自己的事情自己做，不要包办代替。入园后，教师应主动将孩子的情况与家长沟通，并听取孩子在家的表现情况，提出指导意见；家长应主动与教师沟通，积极配合教师的指导意见，共同促进孩子的健康成长。

### 第三节　这是我的玩具

幼儿园小朋友游戏时，我们总能听到这样的告状声："老师，他抢我的玩具！""老师，这是我的玩具……"也经常听到教师苦口婆心地说："玩具是大家的，小朋友之间要懂得分享哦！"每当逢年过节、走亲访友时，我们也常能听到这样的对话：

"小美，把你新买的洋娃娃拿出来给妹妹玩一下。""我不，那是我的。""你看你，怎么这么小气，给妹妹分享一下嘛！"

这样的场景你熟悉吗？作为教师的你，听到孩子的告状，你是不是会有些生气？会不会用"干脆收回不要玩了"的方法解决问题？对于那些一玩玩具就开始抢的孩子，是否会给他贴上"自私"的标签？作为家长的你，面对孩子的"小气"，你是否会觉得很生气又没面子？你是否会马上呵斥孩子的行为，要求他一定要将玩具给他人分享？可能大多数的家长和教师都会有这样的想法，那是因为我们还不了解孩子，还没有真正了解孩子的心理发展规律。出现这些行为表现，说明孩子自我意识敏感期已到来，开始逐渐形成物权意识，这个认识从"我的东西"开始，只有拥有了自己物品的所有权，他们才会获得拥有物品背后的意义——安全感以及"我与他人"的区别。

## 一、有些"自私"——自我意识的萌芽

### 案例 3-3-1　来自几位妈妈的苦恼

时间：2019.10.14

观察幼儿：恩恩、诺诺、宝宝

观察地点：幼儿家中

观察者：家长

妈妈甲：我家的宝贝 20 个月，我发现他最近总是很"叛逆"。每次我说"我们该吃饭了""该喝水了""要睡觉了"，他总是回答"不"。可是把饭菜端来，他还是该吃吃，该喝喝，简直是心口不一呀！

妈妈乙：我的孩子 2 岁了，活泼开朗，各方面都挺好，就是有一个缺点，那就是比较"自私"，不愿意和他人分享物品。有一次他拿着两个一模一样的气球，邻居家小妹妹想要一个，我好说歹说他就是不肯给。有时候小伙伴来家里玩，我说："你把你的玩具分享给小伙伴玩一下"，他虽把玩具拿出来了，但这个不许小伙伴玩，那个又不许小伙伴碰，说"这是我的玩具"，生怕小伙伴拿走。每当遇到这种情况，我都软硬兼施，却大多以孩子哭闹收场。

妈妈丙：我家宝宝 2 岁半了，有一天，她 2 岁的小表妹乐乐要来我家玩。来之前，我就和宝宝讲过了："妹妹来，你就是小主人了，玩具要一起分享，要学习像招待自己的好朋友一样招待妹妹哦！"宝宝接受度很高，表示愿意。一开始，妹妹来时，她主动给妹妹剥香蕉，玩玩具，大部分时间都能和平共处。过了一会儿，她们在玩

毛绒玩具时，妹妹乐乐拿起一个小猪玩具，带着到一边独自玩去了，宝宝看到，就要伸手去拿，乐乐就是不给，说："我就玩一会"，宝宝还是不相让，两个小朋友就哭闹起来。小家伙的闹剧让我们几个大人手足无措，一番安抚加"糖衣炮弹"，最终以每人玩5分钟，结束了这场"突然的战争"。

（案例作者：牛丽峰　怀来县府前幼儿园）

以上孩子出现的诸如"叛逆"、喜欢说"不"、总是强调物品是"我的"、和小伙伴吵架、有些"不讲理"、哭闹不休等现象，可能会让家长认为自己的孩子变得粗野、自私、不懂事，从而感到十分焦虑。殊不知，3岁之前的孩子的心理发展特点是"自我中心性"。瑞士心理学家皮亚杰认为，孩子在前运算阶段（2～7岁）是处于"自我中心阶段"。所谓"自我中心"并不是指"自私"或"自利"，而是指孩子在这个年龄段的认知水平，他们还没有能力区分自己的需求与他人的需求，无法理解自己的观点和他人的观点，常常把他人理解为自己的一部分，表现出一切以"自我"为主导与核心的特点。在很多情况下，孩子的"自私"仅仅是为了表现自我，是自我意识的一种体现。

自我意识是一个人对自己的认识和评价，对自己和他人关系的认识。自我意识包括自我观察、自我评价、自我体验、自我监督、自我控制、自尊心、自信心、独立性等。孩子的自我意识敏感期从1～2岁就开始萌芽了，最明显是在2～3岁。自我意识的发展在个性的形成中占有极重要的地位。0～3岁的孩子，几乎将他们全部的热情和注意力全都集中在自我的建构中，恰恰是有了这种激情和全部投入，孩子才能形成自我、走出自我，才会塑造出创造力、幸福感、独立性、意志力。

在这个过程中，孩子会逐步学会区分"我的"和"你的"的界限，会和你说"不"。有的完全是一个"自私的小霸主"，他们会把自己的东西管得特别牢，谁都不能碰一下，一旦动了他们的东西，就会发脾气，这是孩子成长过程中必然要经历的。对于孩子在这个时期的表现，成人应该用"发现的眼睛"捕捉孩子的敏感行为，用正确的方法引导孩子度过自我意识敏感期，而不是一味批评和责骂孩子，或因此而感到焦虑。

## 二、不愿分享——自我意识的发展

### 案例 3-3-2　"这是我的玩具"

时间：2019.11.06

观察幼儿：乐乐、鑫博

观察地点：建构区

观察者：牛老师

幼儿园里，孩子们的桌面游戏时间到了，老师把一筐插片分到了各个桌上。老师刚说完"小朋友们可以玩了"的指令后，孩子们便开始抢筐里的玩具。"好吧，老师来帮大家分一分。"老师把玩具分到乐乐面前，乐乐赶紧用两只小手护住自己的玩具，分到鑫博面前，鑫博也赶紧护住玩具，一组的玩具都分完了，乐乐的小眼睛还时不时地看看别人的，再看看自己的。

不一会儿，一道响亮的声音传来，"老师，他抢我玩具！"老师寻声过去，乐乐对着老师又大声说："老师，他抢我玩具！"鑫博低着头自顾自地玩，小声嘟囔着："我就用一下嘛！"乐乐委屈地说："不行，这是我的玩具。"说着，伸手从鑫博那里拿回了自己的玩具，又赶紧用手臂把所有的玩具护在胸前。鑫博想伸手去拿，拿不到，急得哭起来。"鑫博，玩具是分给乐乐的，你不能随便抢别人的玩具呀！"老师批评了鑫博，又对乐乐说："鑫博的玩具不够，你能分几个给他吗？"乐乐使劲摇摇头，说什么也不肯把自己的玩具分出去。

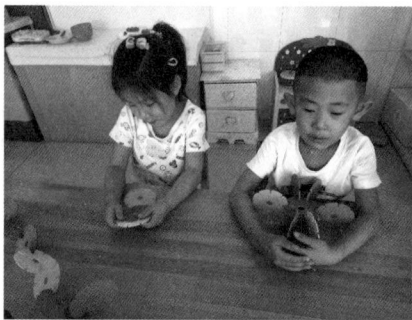

图 3-5 这是我的玩具

（案例作者：牛丽峰 怀来县府前幼儿园）

如果你是鑫博的教师，面对案例中的情境，会怎样做呢？专业的教师应具备专业的业务素养，能掌握孩子的心理发展规律，会"对症下药"。要知道像乐乐这种维护自己"权益"的行为，是孩子自我意识发展的典型表现，而且现在物质条件丰厚，很多孩子是家庭中众多成人关怀、照顾的对象，他们"唯我独享"，具有强烈的自我中心倾向。

教师要从孩子视角看问题，分析问题的成因，遵从孩子的成长规律。因此，教师不能马上去批评不肯让出自己玩具的乐乐，认为他不懂得"分享"，而是可以认真地跟乐乐聊一聊，要肯定乐乐维护自己玩具的做法并没有错，然后再告诉他给小朋友玩一会儿玩具是不会消失的，玩儿完还会还给他的。然后，可以鼓励乐乐和鑫博一起玩耍。当然，面对抢别人玩具的鑫博，教师也要告诉他，想玩别人的玩具时，要用合理的方式，如交换玩具，还可以和小朋友商量，要征得他人同意。

作为教师，我们可以先从解决好孩子当下的矛盾出发，在平时的生活中，重视榜样的示范作用，给孩子一种潜移默化的教育。模仿是孩子学习的重要途径，当教师做出正面积极的行为时，孩子就会在不知不觉中进行模仿和学习。

### 三、走进孩子的自我意识敏感期

敏感期是孩子建构自我、认识世界的时期。如果不能满足孩子在敏感期的需求，那么一些心理问题、意识偏差就会尘封在潜意识里，慢慢发酵，直接影响孩子未来的价值观、人生观、世界观。教师要认识到自我意识敏感期是孩子能力发展和认识自己的重要时期，对于孩子形成适应社会的行为具有重要意义。作为家长或教师，需要给孩子提供"爱与自由"的环境，和孩子一起应对敏感期的挑战。

#### （一）理解孩子，接纳他的"不顺从"

对于物品所有权问题，成人不应该强迫孩子分享。让孩子学会分享的前提是帮助孩子区分哪些是他自己的东西，他可以做主，而哪些是别人的东西，他不能做主，引导孩子形成正确的物权意识。当他充分地体验到自己的玩具自己做主以后，就会产生安全感，才会乐意分享。教师应引导他理解分享并不代表别人"抢走"了他的东西，让他体会分享的乐趣。千万不能因为孩子不愿意分享就责备他或者贴上"小气鬼"之类的标签，因为孩子在还没有学会主张所有权的时候就强迫他们去分享，很容易养成他们的依附性格。

#### （二）鼓励孩子独立思考问题，表达自己的想法

自我意识敏感期是培养孩子独立能力的重要时期。这种独立能力既包括日常生活上的独立，还包括思维上的独立。成人须顺应孩子的思维发展特点，引导孩子养成独立思考的习惯。同时，成人还要创造机会让孩子自己的事情自己做，引导孩子自己吃饭、自己穿衣、自己收拾整理玩具等。成人要帮助孩子建立自信心和自尊心，使他们能够勇敢地表达自己的想法，让孩子意识到自己已经长大了，有权利决定自己的事情，并在此过程中，体验成长的快乐，感受生活的美好。

#### （三）接纳情绪，适时鼓励

成人要在不同环境下注意观察孩子的情绪，并学会接纳孩子的情绪，适时地对其鼓励或批评，这有利于孩子形成正确的自我评价。合群心理让孩子能多参加丰富多彩的游戏，使孩子在游戏中学会理解人、帮助人。在幼儿园的集体生活中，教师要常常鼓励孩子把自己的玩具拿给小伙伴玩，让孩子与伙伴一起分享合作带来的快乐。通过集体的生活，孩子也会逐步淡化他们的自私行为。

## 第四节　我想和老师在一起

幼儿园小班阶段是孩子与教师依恋关系的起步阶段。孩子脱离了父母的庇护进入到幼儿园中，他们需要面对陌生的环境以及陌生的同伴和教师，因此会感到强烈的不适应，常常会表现出哭闹等现象。但是，渐渐地，在教师耐心的帮助下，大多数孩子都会慢慢适应新环境，慢慢适应新教师。

这时，又会有新的情况产生，在教师的背后，会多出很多时刻关注着教师的"小眼神"，也会多出到处跟随教师的"小身影"，通常，教师去干什么，他们也跟着去干什么。例如，吃饭时会找寻教师，提出喂饭的要求；睡觉时，还会要求教师哄睡；只要他们喜欢的教师在，就心情愉悦，只要发现教师不在他们视线内，就马上表现得特别紧张，开始四处寻找教师……

### 一、依恋背后的秘密

#### 案例 3-4-1　小文老师的"小跟班"

时间：2019.09.25

观察幼儿：毛毛

观察地点：活动室

观察者：牛老师

毛毛是小文老师班年龄较小的一个，刚 3 岁。一双水灵灵的大眼睛，非常惹人喜爱。

刚来幼儿园时，他对陌生的老师充满了戒备。妈妈送他来园，他连话都讲不清楚，只是边哭边咿咿呀呀地叫着，抱紧妈妈的脖子就是不肯松手。刚开学的前几天，毛毛的情绪很不稳定。午餐时不吃，午睡时不睡，连小便也不肯去厕所，常常弄到裤子上。小文老师开始特别关注毛毛，毛毛来园，小文老师都会把他抱过来，摸摸他的小手，拍拍他的小脑袋，再温柔地帮他擦去眼泪，陪着他玩喜欢的玩具，一起做游戏；如厕、喝水遇到问题，小文老师都会第一时间帮助他解决，鼓励他自己尝试没有做过的事

图 3-6　小文老师的"小跟班"

情；闲来还会和毛毛聊聊天，说上几句悄悄话；午饭、午睡也会陪着他，用最温柔的语言唤他起床，再和他一起玩"胳膊钻洞洞"的游戏，教他穿好衣服；带着毛毛

和小朋友拉起火车到户外游戏。

那天，午睡结束了，小文老师来到毛毛的小床边，俯身发现毛毛已经醒来了，但还是有些迷糊，在自己揉眼睛。小文老师一只手轻轻拍着他的肩膀，另一只手抚摸着他的头发，用很低的声音说："毛毛，睡醒了？"毛毛看到小文老师，放松地伸个懒腰，露出了笑容。"毛毛该起床了。我去拉开一点窗帘，我们就来穿衣服哦。"说完，小文老师轻轻揉了揉毛毛的头，示意她马上回来。窗帘拉开了，房间亮了很多，其他孩子也陆续起床。小文老师回到毛毛床边，拿起毛毛的衣服说："现在我们来穿衣服。"她拉直衣服的一只袖子又说："让我们的小火车来钻山洞吧！"毛毛看起来很喜欢这个游戏，抬起手臂，准确地找到袖口，把手臂伸进去，另一只手也愉快地"进了山洞"。"现在，我们的鞋子也休息好了，要跟毛毛一起去玩了。"刚准备跑开的毛毛立刻拿起床边的鞋子穿上了。

渐渐地，小文老师走到哪里，毛毛就跟到哪里，小文老师给小朋友讲故事，他要搬着小椅子坐在旁边，小文老师出班去拿报纸，毛毛屁颠屁颠跟在后面，就连老师去卫生间，毛毛都跟着。只要跟着小文老师，只要他的眼中有小文老师，他就不哭不闹，情绪相对稳定。其他老师调侃地说："小文，你身后多了一个'小跟班'呀！"

（案例作者：牛丽峰　怀来县府前幼儿园）

案例中的毛毛迅速找到目标，他选择温柔的小文老师作为他的依恋对象。小文老师用实际行动把幼儿园环境创建成有温度的家庭氛围，连叫醒毛毛起床的小事都做得那么细致入微、温柔耐心；用抱抱孩子、摸摸小手、拍拍头等肌肤接触的方式给孩子安全感；通过聊天、说悄悄话使孩子心理放松，敢于表达自己的想法；在如厕、喝水、吃饭、午睡等环节，给予孩子适时的帮助，更增加了孩子对她的信赖。

对于刚入园的孩子，教师在做一件事情之前，可以按照"预告——邀请——等待"三个步骤去和孩子相处。通过"预告"，如"现在我们要……我们可以……"让孩子对接下来发生的事情有预判；通过"邀请"，让孩子参与到幼儿园的"工作"中，成为一名合作者，能积极参与到活动中来；通过"等待"，让孩子的大脑有充分的时间处理信息并发出自主行动。这一切，都是为了培养一个有安全感、有责任感、有秩序感的孩子。

孩子依恋教师的行为，能使他们在情绪、生理上得到安慰和满足，是孩子自我安慰的一种方式，这也是一种天生的自我调节能力。当然，这只是第一步，案例中的小文老师还需要帮助毛毛"破坏"这种"依恋"，让他习惯每位教师，习惯幼儿园的生活，在新环境中建立自信，这样毛毛才能较快适应幼儿园的新生活。

## 二、识别过度依恋

案例 3-4-2　调皮的东东

时间：2019.09.17

观察幼儿：东东

观察地点：活动室

观察者：王老师

小朋友们在王老师的带领下跳着舞。东东（3 岁半）排在队伍的第一个，离王老师最近，王老师不时摸摸东东的脸。接着王老师进行常规点名，被叫到的孩子很配合，回答很大声，叫到东东时，没人应答。这时，王老师发现他搬着椅子不知道坐在哪，于是问道："东东你怎么不和小朋友们坐在一起啊？"东东说："我只想挨着老师。"原来老师座位旁边已经有别的小朋友了。

区域游戏时，东东开始紧跟着分配玩具的王老师，王老师叫他赶紧和别的小朋友一起玩。他虽然听从老师的建议和小朋友一起游戏了，可是一边玩着，眼睛一边看着老师在干什么，如果发现老师在指导别的小朋友，东东会赶紧跑过来，凑到老师的跟前。

（案例作者：胡娟　保定市青年路幼儿园）

孩子对成人的依恋，是其安全感的主要来源，是孩子好奇心、学习兴趣以及探索行为产生的原因。如果孩子对教师没有产生这种依恋，那么孩子就可能产生畏惧、提防心理，甚至出现一系列防御行为，如少言寡语、心情焦虑等。如何采用正确的方法缓解孩子的焦虑情绪并尽快帮助孩子建立新的依恋关系是对教师专业性的考验。教师重视孩子的感受，并提供尽可能的帮助，是良好的师幼关系成功开展的基础。

适宜的师幼依恋能促进孩子社会性的发展，而过度的师幼依恋则会阻碍孩子的成长。在案例中，东东时刻都在关注教师，已经影响了教师的教学和正常活动。同时，过度依恋会造成孩子生活上的依赖，阻碍他们自理能力的发展。而且过度的师幼依恋使孩子在遇到问题时，不是尝试与同伴合作、协商，共同解决问题，而是依赖成人权威的介入。

### 三、建立科学安全的师幼依恋

中国有句古话"尊师重道"。良好的师幼依恋是亲子依恋在幼儿园中的延续，能帮助孩子及早适应幼儿园生活，促进其对生活的适应及社会性发展。同时，孩子的师幼依恋除体现在生活方面，以问题解决和情感交流为内容的依恋也越来越多。孩子只有对教师有一种亲近感才会乐于接受教导，只有建立对教师的依恋感情，才能把教师的教育和要求看成是对自己的关心和爱护，从而乐于接受。所以，教师要把握好不同年龄阶段孩子依恋的特点，为孩子营造一个尊重、和谐、有爱的氛围，促进孩子更好更快地发展。

### （一）基于观察，合理评价孩子的行为

在幼儿园中，孩子常常期望得到教师的赞许和表扬，教师和孩子的依恋关系也往往是通过赞许行为和信任建立的。然而，这并非要求教师为了和孩子建立良好的情感联系一味地表扬孩子，因为一味地表扬有时会让孩子变得自大，目中无人，而适当的批评反而会让孩子感受到教师的关爱。但是，对于没有安全依恋的孩子，他们往往对教师持怀疑态度，所以在受到批评时，不会像安全型依恋的孩子一样努力改进，反而会产生更多的消极情绪，不利于不良行为的改进。因此，对待不同依恋类型的孩子，教师要慎重选择与他们相处的方式，充分考虑评价对孩子的影响，通过评价增加师幼之间的相互接纳、相互理解。

### （二）通过观察，给予孩子朋友般的关怀

孩子渐渐熟悉了幼儿园的环境以后，会慢慢地减少对家人的依赖，进入适应期，与教师的关系也变得比较融洽和依赖。这时教师需要进入孩子的内心世界，并营造出一种和谐、平等、互相依赖的良好的师幼互动氛围，用朋友的关怀去陪伴孩子成长。作为孩子依恋的对象，首先，教师要充分尊重孩子，正如教育家爱默生所说："教育的秘诀是尊重学生。"尊重孩子是要求教师真正地欣赏孩子，认同他们的想法，支持他们的行为，让他们有一定的选择机会。其次，教师要一视同仁地对待孩子，教师要细心地观察每一个孩子的表现，积极地和孩子进行互动，投入孩子的世界，真正成为孩子的"好朋友"。

### （三）在观察中反思教师的个人行为

教师要做到表率作用，注意自己的言行举止，适当地给予孩子会心的微笑、亲切的抚摸、赞美的手势等。这些做法会让孩子更加信服和尊重教师，同时也更加稳固教师和孩子之间的依恋关系。

瑞士心理学家皮亚杰曾说："如果没有情感的沟通，智慧的交流是无法达成的。"在幼儿园，教师就是孩子每天接触最多的人，教师的某些言行举止会使孩子的心灵受到震撼，并产生情感共鸣，从而把对家人的依恋迁移到教师身上，与教师建立良好的依恋情感。相信只要教师用爱设身处地地去理解和关心爱护孩子、教育孩子，刚入园那些跟在教师身后的孩子，一定会从喜爱教师到喜爱班级、喜爱伙伴、喜爱

上幼儿园，从而快速适应幼儿园的集体生活。

## 第五节　交往的小秘密

幼儿园阶段是人社会性发展的重要时期，在这个时期，孩子要学习怎样与人相处，怎样看待自己，怎样对待别人。这个时期形成的对人、对事、对己的态度，逐渐发展出的个性品质和行为风格，不仅直接影响孩子童年生活的快乐与幸福感，影响其身心健康以及知识、能力和智慧的形成，更可能影响孩子一生的学习、工作和生活。

在幼儿园中，作为教师的你，是否注重孩子社会性特别是人际交往能力的培养？是否思考过如何创设促进孩子交往能力发展的环境？在幼儿园生活中，你是否见过特别喜欢和教师聊天的孩子？是否见过特别懂事的"大姐姐"，愿意处处关心、帮助其他孩子？相反地，是否见过教师无论怎么说再见，就是不说话的孩子？是否见过和伙伴一言不合就动手的孩子？其实，孩子的个性不同，社会性发展水平不同，就会出现各种各样的行为表现。

### 一、会说话的"小甜嘴"

幼儿期是社会性规范建立的关键时期，孩子社会性的发展直接关系其身心发展及人格完善。人际交往能力是孩子社会性发展的重要能力，指的是孩子与他们年龄相同或相近孩子之间或心理发展水平相当的个体之间在交往过程中表现出来的社会性技能，既包括运用语言与人交流的技巧，也包括与人交往的态度。

#### 案例 3-5-1　"老师，你的辫子真好看"

时间：2019.11.21

观察幼儿：晨晨

观察地点：活动室

观察者：牛老师

一天早上，小杜老师站在班门口迎接刚刚入园的宝贝们。"轩轩，早上好！""杜老师，早上好！"孩子们有礼貌地和老师问好……

晨晨高高兴兴来到幼儿园，进门就礼貌地喊："杜老师，早上好！""晨晨，早上好！""今天晨晨的心情不错嘛，什么事情这么开心？"杜老师问道。"哈哈，今天早上我自己穿好的衣服，妈妈还表扬了我。""哦，是吗？看来晨晨真是个让妈妈省心的乖女儿。"这时，晨晨睁大眼睛像是发现了什么新大陆一样，盯着杜老师说："老师，你的辫子真好看！""哦，是吗？谢谢你的夸奖！"晨晨还一直羡慕地盯着杜老师的辫子看，"要是你喜欢，一会儿我也帮你梳一个这样的，好吗？""好呀，好呀！"晨晨开心地说。

（案例作者：牛丽峰　怀来县府前幼儿园）

## 案例 3-5-2　"老师，我都想你了"

时间：2019.11.29

观察幼儿：乐乐

观察地点：活动室

观察者：牛老师

晓旭老师外出培训学习了三天，今天回到幼儿园上班。早上乐乐高兴地来园，第一眼就看到了晓旭老师，他边脱自己的衣服边说："老师，这几天你去干吗了？我都想你了！""是吗？老师也想你们了呀！"晓旭老师开心地蹲下来抱抱乐乐。这时，一同进来的几个小朋友都说："老师，我们也想你了。"晓旭老师看着可爱的宝贝们，高兴地挨个抱起他们说："嗯，老师外出学习了三天，也很想你们呀！"

（案例作者：牛丽峰　怀来县府前幼儿园）

　　两个案例中的晨晨和乐乐，都是善于表达的"小甜嘴"。在你的班级里，是否也经常见到这样的孩子呢？他们经常会时不时地夸赞你："老师，你的衣服真漂亮。""老师，你真漂亮。""老师，我爱你。""老师，你小心一点别摔着。"等等。遇到这种"小甜嘴"的孩子给的夸赞和关心，你是否也会笑逐颜开、心情愉悦呢？案例中的教师，在接收到孩子赞美和关心自己的信号后，能和孩子在语言及动作上进行充分的互动。小杜老师说可以帮晨晨也梳一个漂亮的发型，晓旭老师用抱一抱的方式肯定了孩子们的做法。幼儿园生活中的这些不起眼的语言互动、不经意的拥抱，都是教师培养孩子社会化发展的重要途径。相信，有了这样的体验，孩子会更愿意积极地和教师表达自己的想法。

## 二、不会与同伴相处的"拳击王"

　　不同孩子的社会性发展是存在差异的，同一孩子社会性发展的不同方面也存在差异。幼儿园中会有上面案例乖巧可爱的"小甜嘴"，也会有不会与同伴相处的"拳击王"。

## 案例 3-5-3　"老师，浩浩打我了"

时间：2019.09.17

观察幼儿：浩浩、萱萱、若曦、小佳

观察地点：盥洗室

观察者：牛老师

浩浩九月刚入小班，一天洗手时，盥洗室里传来"哇哇"的哭声。张老师闻声走进盥洗室，萱萱哭着告状："老师，他打我！"一旁的浩浩只管低着头，不作声。张老师蹲下来问萱萱："他为什么打你呀？""他要洗手，就打我！"萱萱委屈地指着浩浩。老师了解了其中的缘由，接着问浩浩："浩浩，你打萱萱了吗？"浩浩低着头点点头，"可是，你为什么要动手打小朋友呢？""我要洗手。"浩浩噘着小嘴说道。"你想洗手，可是萱萱正在洗，你应该怎么办呢？"老师问浩浩，旁边的若曦说："应该排队洗手。"小佳说："不能打人！"张老师又问浩浩："你觉得他们说得对吗？"浩浩点点头。老师说："他们说得都对，你如果要洗手，看到别的小朋友正在洗，你应该先排队，要遵守规则，小朋友洗完你再洗，知道了吗？"张老师问浩浩，"打人是不对的，你应该和萱萱说什么呢？"浩浩说："对不起。""没关系。"萱萱小声回应着。

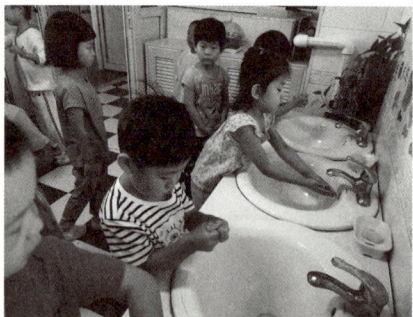

图 3-7　老师，浩浩打我了

（案例作者：牛丽峰　怀来县府前幼儿园）

处在幼儿园阶段的孩子情绪波动大，部分孩子在社交中的攻击行为屡见不鲜，这会导致他们在同学间受排斥，影响班级正常的教学秩序，对其身心发展造成危害。因此，教师和家长都应重视孩子攻击性行为的矫正，在日常生活中注意观察孩子的表现，找到解决问题的有效策略，为培养孩子的良好生活习惯和健康的心理素质奠定基础。

案例中的浩浩是小班的孩子，他年龄小，规则意识欠缺，语言发展还不完善。遇到问题，遇到冲突不能很好地运用语言去沟通解决，往往会出现"动手"甚至"咬人"的现象。浩浩也和上面案例中的晨晨和乐乐形成了对比，处在小班阶段的浩浩，其与同伴的交往还需要教师多耐心观察，有意识地引导。

### 三、如何促进孩子交往能力的发展

每一个孩子都是渴望快乐的，幼儿园作为他们获取快乐的重要来源，对他们的成长起着至关重要的作用；孩子社会性的发展也需要幼儿园给予必要的支持和促进。

#### （一）创设适宜的心理环境和物质环境

蒙台梭利曾说，对于孩子生理和心理的正常发展来说，准备一个适宜的环境是十分重要的。只有给孩子准备了一个适宜的环境，才能开创一个教育的新纪元。

教师应该给孩子创设一个宽松、自由发展的外部环境。在那里，孩子能得到自然发展，有助于创造自我和实现自我。孩子不再是知识被动的接受者，教师也不再是个高高在上的知识的传授者，教师与孩子是一种和谐的伙伴关系。只有这样，孩子才会喜欢并主动投入环境，才会无拘无束、大胆自主地开展活动。

幼儿园的物质环境（包括活动空间的设计、活动材料的投放、户外活动场地的安排等）对孩子认知和行为的发展具有重要影响。孩子天生好奇、好动，几乎对任何动态的环境都感兴趣，而且他们自己也正是构成动态环境的最活跃的因素。因此，教师要根据孩子的年龄特点、教育内容、季节变化不断创设新奇的环境，充分利用场地及自然界所提供的沙石、泥、水等创设水池、沙坑、饲养角等，为孩子提供活动的机会，引导孩子去观察、操作、探索、发现。

#### （二）及时给予肯定鼓励，帮助树立沟通交往自信

自信心是支撑孩子进行人际交往的重要支柱，幼儿时期的孩子情感比较敏感，周围人的眼光和看法都会对他们的心灵产生不可磨灭的影响。积极的表扬和鼓励能够使孩子产生满足感和成就感，能够激励孩子更进一步地努力和进步，反之，严厉的批评和训斥会使孩子产生逆反心理抑或是自我怀疑，会严重挫伤孩子对人际交往的自信心。因此，在一日生活中，教师要及时发现并给予孩子积极的暗示，帮助孩子做出正确的价值判断，促使孩子树立人际交往和沟通的自信心。

#### （三）家园共育，强化孩子的成功体验

作为社会结构的最原始单元，家庭扩大了孩子和他人交往互动的空间，引导他们不断习得良好的行为习惯和与人交往的正确方式。在日常生活中，家长要让社会性教育渗透孩子的衣食住行、言谈举止等生活的方方面面，使孩子在潜移默化中，逐渐习得符合社会要求的行为方式，发展交往能力。在亲子游戏中，家长要及时肯定和鼓励孩子表现出的合作行为，注意观察和引导他们，强化这些合作行为。这种强化不仅表现为对孩子合作结果的肯定，也应该对孩子的合作过程加以表扬。创设和谐友好的家庭氛围、采取民主型的教养方式、优化家庭结构、更新教育观念，能够有效促进孩子情绪情感、道德品质、社会适应性的发展。

　　总而言之，作为幼儿教师，我们必须不断提高自己对人际交往能力的重视，转变自己的教学观念，提高自己的思想认识，不断探索和研究更先进的、更完善的人际交往能力培养措施，为孩子打造更优越的学习生活环境，促使孩子全面提高自己的人际交往能力，帮助孩子更加健康快乐的成长。

# 第四章
# 重返童真

世间的大人们，你们是由儿童变成的，你们的"童心"不曾完全泯灭。你们应该时时召回自己的童心，亲自去看看儿童的世界，不要误解他们，虐待他们，摧残他们的美丽与幸福，而硬拉他们到这枯燥苦闷的大人的世界里来。

——丰子恺

> 每一个人都由孩童成长而来，我们或许还记得自己孩童时期的趣事，记得当年和小伙伴们一起做游戏时的快乐，现在，让我们看看今天的孩子吧，他们可以唤醒我们的童心。

## 第一节　吃西瓜

在日常生活中，我们经常看到孩子同猫狗聊天，和花草树木说话，甚至玩耍时都对着玩具喃喃自语。孩子的心在这一刻是无比真切而自然的！作为教师，你是否能够看到这一切？

今天，我们要在这里高声赞美童真！保持童真对人一生的幸福和满足有着深远的影响。让我们一起重返童真！

### 一、童真在于，感受当下真实的美好

丰子恺是我国著名的散文家、画家、文学家、音乐家，一生勤奋，著作颇丰。丰子恺的很多作品都是以自己的子女为模特写就的，从其作品中，我们可以看出丰子恺半生在乱世中颠沛流离，却始终保持着心底的童真和童趣，孩童自他笔下跃然纸上，真实灵动，极其童真质朴。他的漫画和文字，充满童真童趣，也如他的心地

一样善良、温润、有趣。

## 案例 4-1-1　吃西瓜

有一个炎夏的下午，我回到家中了。第二天的傍晚，我领了四个孩子——九岁的阿宝、七岁的软软、五岁的瞻瞻、三岁的阿韦——到小院中的槐荫下，坐在地上吃西瓜。夕暮的紫色中，炎阳的红味渐渐消减，凉夜的青味渐渐加浓起来。微风吹动孩子们的细丝一般的头发，身体上汗气已经全消，百感畅快的时候，孩子们似乎已经充溢着生的欢喜，非发泄不可了。最初是三岁的孩子的音乐的表现，他满足之余，笑嘻嘻摇摆着身子，口中一面嚼西瓜，一面发出一种像花猫偷食时候的"ngam ngam"的声音来。这音乐的表现立刻唤起了五岁的瞻瞻的共鸣，他接着发表他的诗："瞻瞻吃西瓜，宝姐姐吃西瓜，软软吃西瓜，阿韦吃西瓜。"这诗的表现又立刻引起了七岁与九岁的孩子的散文的、数学的兴味：他们立刻把瞻瞻的诗句的意义归纳起来，报告其结果："四个人吃四块西瓜。"

于是我就做了评判者，在自己心中批判他们的作品。我觉得三岁的阿韦的音乐的表现最为深刻而完全，最能全般表出他的欢喜的感情。五岁的瞻瞻把这欢喜的感情翻译为（他的）诗，已打了一个折扣；然尚带着节奏与旋律的分子，犹有活跃的生命流露着。至于软软与阿宝的散文的、数学的、概念的表现，比较起来更肤浅一层。然而看他们的态度，全部精神没入在吃西瓜的一事中，其明慧的心眼，比大人们所见的完全得多。天地间最健全者的心眼，只是孩子们的所有物，世间事物的真相，只有孩子们能最明确、最完全地见到。

（节选自丰子恺的《儿女》）

童真在于可以感受到当下真实的美好。许多时候，包括孩子做游戏时，我们都会看到他们长时间沉浸其中，这代表了孩子精神和思想的高度统一与融合。人长大了反而食不知味，被世间外物蒙蔽了双眼。成人赋予的意义，在孩子看来全然没有必要。因此丰子恺先生说："我比起他们来，真的心眼已经被世智尘劳所蒙蔽，所斫丧，是一个可怜的残废者了。我实在不敢受他们'父亲'的称呼，倘然'父亲'是尊崇的。"

反思丰子恺先生的案例，除去幼儿教师的身份，仅仅是作为家长，我们是否能像他一样做一个能读懂孩子的父亲，能看到孩子心理的父亲，从而随着孩子一起感受童年的美好，将自己从成人的世界中暂时剥离出来，走进孩子的世界和孩子一起游戏呢？

## 二、童真在于，视一切为有生命

阿宝！有一晚你拿软软的新鞋子，和自己脚上脱下来的鞋子，给凳子的脚穿了，划袜立在地上，得意地叫"阿宝两只脚，凳子四只脚"的时候，你母亲喊着"龌龊了袜子！"立刻擒你到藤榻上，动手毁坏你的创作。当你蹲在榻上注视你母亲动手毁坏的时候，你的小心里一定感到"母亲这种人，何等煞风景而野蛮"吧！

（节选自丰子恺的《给我的孩子们》）

给凳子穿上鞋子，在成人眼里是多么幼稚的行为。妈妈担心的是把袜子弄脏了，而阿宝却认为凳子如他一样，是一个可以感知冷暖、软硬的生命，他惊喜于自己的发明、自己的创意、自己的高见、自己的作品，连爸爸妈妈都没有想到给凳子穿上鞋子。他是多么得意，甚至自己还会和凳子边说话边游戏的玩上半天。

瑞士心理学家皮亚杰提出，幼儿期的孩子，特别是三四岁的孩子普遍存在一种独特的心理现象———泛灵心理。泛灵心理，就是这个时期的孩子把所有的事物都视为有生命和有意向的东西的一种心理倾向。随着年龄增长，泛灵观念的范围逐渐缩小。4～6岁的孩子把一切事物都看成和人一样是有生命、有意识、活的东西，常把玩具当作活的伙伴，与它们游戏、交谈。

我们仔细观察就会发现，在3～4岁的孩子身上，经常发生这种现象，有的孩子将土豆分成土豆爷爷、土豆奶奶、土豆爸爸、土豆妈妈而进行游戏；有的孩子手里捏着一个小小的草棍，也要照顾它，给它做一顿饭。孩子把自己周围的一切都看作是有生命的，充满灵性的，是可以与其对话的。成人的视角和孩子的视角不同，因为我们知道有生命和无生命的区别，这也导致我们的生活不再像孩子一样有趣。

## 三、守护童真，陪伴孩子成长

### （一）陪伴孩子的童真

陪伴是当您的孩子在街上看见一只受伤的小流浪狗，哭着要抱回家的时候，您满足了孩子的愿望，收留了小狗，或者和孩子一起将小狗送到宠物医院或动物收养机构。

陪伴是当您的孩子抱着心爱的玩具不愿意和伙伴分享时，您尊重孩子此时此刻的感受，而不是强制他分享，从而造成孩子的不满情绪。

陪伴是当您的孩子在路边看到随意丢弃的垃圾，跑过去要捡起来扔到垃圾箱里的时候，您真心地为孩子鼓掌，并竖起大拇指，而不是斥责他弄脏了衣服和手。

童年时有了陪伴，孩子内心能充满爱，未来面对困境才能不屈不挠，内心依然保留着可贵的童真。

### （二）守护童真，愿你有爱有同情心

孩子从自己的角度看待事物、思考问题，视万物都有生命有感情，他们认为生活中的万事万物也和自己一样有感觉，会疼、会想家、会开心、会伤心等。在日常生活中，我们也经常会顺势将物拟人化，激发孩子的泛灵心理，促使其对其他事物产生移情心理，进而产生爱心与同情心，发挥其积极的教育作用。如在公园玩耍时，孩子喜欢漂亮的花朵想要摘下来，我们就可以这样对他们说："你把他折断，他多疼啊！你还要把他带走，那他得多想念自己的妈妈啊！妈妈爱护你，希望你也能爱护他哦！"当听到这样的话，相信孩子伸出的手就会收回来。我们在守护孩子童真的同时，也让孩子拥有了爱心与同情心。

孩子的童真，让我们感动。像艺术家一样永远抱有对生命的热情和游戏的精神，对于孩子非常重要。丰子恺曾作一册描写孩子黄金时代的画集，在其序文《给我的孩子们》中写道："我的孩子们！我憧憬于你们的生活，每天不止一次！我想委屈地说出来，使你们自己晓得。可惜到你们懂得我的话的意思的时候，你们将不复是可以使我憧憬的人了。这是何等可悲哀的事啊！"[①]

孩子，愿你永葆童真，并乐此不疲！

### 第二节 躲猫猫

躲猫猫是一种经典的游戏，世界上各种不同文化背景下的孩子都有玩躲猫猫的经历，而且玩法惊人的相似。您孩提时代和小伙伴玩过躲猫猫的游戏吗？您和您的宝宝玩过躲猫猫的游戏吗？孩子为什么对躲猫猫的游戏如此投入又如此钟情，您了解其中藏着哪些秘密吗？

让我们一起走进躲猫猫，走进孩子的童真世界。

---

① 丰子恺. 万般滋味，都是生活：丰子恺散文漫画精选集 [M]. 武汉，华中科技大学出版社，2018，48.

## 一、咦，你怎么不在了

### 案例 4-2-1 躲猫猫

时间：2019.09.15

观察幼儿：小多米（6 个月）

观察地点：家庭

观察者：梅梅

小多米和妈妈玩躲猫猫的游戏。妈妈在多米的眼前用手绢遮挡住自己的脸，多米看不见妈妈了，他看着手绢，当妈妈把手绢拿开，"啊呜"一声妈妈又再次出现的时候，小多米就开心地"咯咯咯"的笑起来。

图 4-1　爱玩躲猫猫的小多米

小多米看着妈妈的脸在门后消失，当妈妈的脸随着叫"多米"而再次出现时，他就"咯咯咯"笑个不停，这样的游戏持续了 1 个多月，小多米乐此不疲。

（案例作者：贾欣如　张家口市幼儿园）

在成人的眼中，躲猫猫的游戏太简单了，而对于婴儿来说，物体一旦从视线中消失，就代表彻底不存在了，原因是在婴儿的认知里，对物体没有持续的记忆，只要是看不到的就以为是不存在的，所以躲猫猫对于成人来说是一件幼稚的事，但是对于婴儿来说是一件神奇的事。"咦，你怎么不在了？""咦，你怎么又出现了？"婴儿快乐情绪的来源，就是妈妈的不断出现所带来的强烈的愉悦体验。

孩子通过和妈妈玩躲猫猫的游戏，慢慢地明白了，原来看不见妈妈，妈妈并没有消失。孩子明白物体是作为独立实体存在的，即使看不到或摸不到它，它们仍然是存在的，这就是皮亚杰的"客体永久性"概念，这个概念是需要通过不断地游戏体验获得的。现在小多米已经 9 个多月了，对于这个游戏他的热情渐渐消失了，这说明他已经在成长的过程中慢慢地获得了"客体永久性"的认知经验。

## 二、嗨，我就知道你一定在这里

### 案例 4-2-2 捉迷藏

我曾经看到二三岁的儿童所玩儿的一种捉迷藏的游戏，对此我确实惊讶不已。看起来他们很激动，对他们正在做的事充满着期望。但他们是怎样玩儿这种游戏的呢？一个儿童弯下身子爬到一张覆盖着拖到地面的桌布的桌子底下。小伙伴们看着他爬进去之后，就走出这个房间，然后回来掀起桌布，当他们发现他们的同伴在桌子底下时，高兴地大嚷一声。这种游戏一遍又一遍地重复。他们依次说："现在，我来藏。"然后爬到那张桌子底下。

另一次，我看到几个大一点儿的儿童和一个幼儿玩捉迷藏的游戏。那个幼儿藏在一件家具后面，几个大一点儿的儿童进来，装着没有看到他。除了这件家具背后，他们找遍了房间里的所有地方，并认为这样就会使那个幼儿快乐起来。但是那个幼儿突然叫起来："我在这里。"这种语调，显然意味着你们怎么没看到我在这里呢！有一天，我参加了这种游戏。我看到一群幼儿高兴地嚷着，拍着手，因为他们找到了躲在门背后的同伴。他们走到我跟前说："跟我们一起玩儿吧，你藏起来。"我接受了邀请，他们都老实地奔出了这个房间，似乎他们并不想看到我会藏在哪儿。我并没有走到门背后，而是躲在一只柜子后面的角落里，幼儿们回来了，一起走到门背后来找我。我等了一会儿，最后看到他们不再找我了，我就走出躲藏的地方。幼儿们悲哀和迷惑地问道："为什么你不跟我们一起玩儿，为什么你不藏起来？"

（节选自蒙台梭利的《童年的秘密》）

对比以上案例，我们发现躲猫猫游戏水平已经从"咦，你怎么不在了"的阶段，发展到"嗨，我就知道你一定在这里"的阶段。

孩子们在游戏中，重点是"找"，我们看到孩子们感兴趣的并不在于找到物品，而是在于在它应该在的地方找到它。蒙台梭利曾说，如果游戏的目的是快乐，那就必须承认，在孩子生命中的某一个时刻，快乐就在于在适当的场所找到物品。根据他们的解释，躲藏就是在一个隐蔽的地方放置或找到某些东西。正如他们对自己所说的，你们不可能看到他，但是我知道他在那里，闭着眼睛也能找到他。孩子快乐情绪的来源是事情的发展和自己预想的一致，这样他们就会产生愉悦的情绪。

### 三、哈哈，你没看到吧，我在这里

**案例 4-2-3　小小蛋儿把门开**

时间：2020.05.21

观察幼儿：小宇等

观察地点：小二班活动室

观察者：房老师

孩子们正在表演"小小蛋儿把门开"。歌曲的前奏情节，每个幼儿都扮演一个小鸡蛋，一个个的小鸡蛋需要找到一个安全的地方藏起来，当开始唱歌"小小蛋儿把门开"的时候，小鸡蛋就从藏身的地方跳出来。前奏开始了，班里大部分的小朋友都被蒙上眼睛蹲在了小椅子的后边，彤彤、小宇和大家不一样，彤彤直直地站在活动室的中间，两只手蒙住了自己的眼睛，一听到唱歌"小小蛋儿把门开"就开心尖叫着马上跳出来。而小宇呢，一听到

图 4-2　躲藏好的小宇

前奏响起来，就迅速地爬到桌子的下边去，并且在桌子下边把四周的椅子都拉过去，堵住自己的身体，还顺着椅子的缝隙偷偷地看外边的情况，看老师有没有发现他，即便开始唱歌"小小蛋儿把门开"的时候，他也不愿意很快地出来，总是晚一会儿才爬出来。

（案例作者：房晓云　张家口市幼儿园）

　　这是一个关于"藏"的躲猫猫游戏，我们看到了孩子们对于"藏"的不同的表现和理解。小宇在同龄伙伴中，显然属于心理认知发展较快的孩子，他已经初步理解躲藏是要把完整的身体尽可能完全地藏起来。只蒙上眼睛的彤彤和小伙伴们，因为自己蒙上眼睛，看不见了，所以就认为别人也看不见了。这一年龄的孩子在躲猫猫时，有许多都会只藏脑袋不藏脚，为什么呢？皮亚杰著名的"三山实验"有助于我们理解他们的行为：他们多以自我为中心，还不能从他人的角度来看待事物。

　　藏在哪，怎么藏，完全取决于孩子当下的心理认知发展水平。"藏"的技能、动作是在其自身发展水平的基础上，以心理发展认知为依据发展起来的。孩子们通过"藏"，尽情地感受激动、紧张与快乐，这是游戏的核心，这是躲猫猫游戏的"哈哈，你没看到吧，我在这里！"的阶段。

　　年幼的孩子期待被找到，从而得到快乐的体验，而年龄大一点的孩子，已经具备了藏得很隐蔽且不被找到的快乐，他们以为年小的孩子和自己一样，因而故意装作没有看到他。

## 案例 4-2-4　他们在那儿

时间：2020.04.09

观察幼儿：浩浩等

观察地点：中三班活动室

图 4-3　又被找到了

图 4-4　都藏哪了呢?

观察者: 贾老师

游戏时间, 老师和孩子们在小剧场玩捉迷藏。孩子们是"小白兔", 老师扮演"大灰狼"。老师与孩子们一起制定了游戏规则: 1个人找, 其他人藏, 数10个数, 然后开始找, 如果谁被抓住就淘汰。孩子们利用小剧场的场景非常迅速地躲了起来。游戏开始了, 数完10个数后, 老师问: "藏好了吗?"有个别孩子急忙回答: "藏好了。"老师隐约听到浩浩说: "嘘, 别出声!"

第一次游戏, 孩子们都选择藏在小剧场的长条状和圆柱形的皮沙发后面, 当老师稍稍走近时, 有的孩子发出了笑声, 因而迅速地被老师发现了。"知道你们为什么被我找到了吗?""因为我们出声了。"第二次游戏, 孩子们在老师询问是否藏好了的时候, 四周鸦雀无声。他们选择了躲藏在距离老师更远一些的窗帘后面, 但也很快被老师找到了。

第三次游戏, 浩浩摆弄地上的皮沙发, 带着孩子们自主搭建藏身之处, 同时也对老师提出了新的要求: "老师, 你不许看, 我们还没搭好。""老师, 多给我们一些时间。"这时孩子们将沙发进行简单的平铺和叠高, 搭建成一面坚实的墙壁, 藏到后边。老师很快找到了他们, 提问孩子: "为什么我能一下就找到所有人?""因为我们总是藏在一起。"大家又重新修改了新的游戏规则: "只要有一只'小兔子'不被抓到, 就算赢了!"

第四次游戏, 孩子们布置了一个可以藏身的"洞穴", 但有一面是敞开的。游戏开始后老师寻找, 孩子们这次选择兵分两路进行藏身, 老师最先发现了藏在洞穴里的三只"小兔子"。"他们在那儿, 他们在那儿!"先被发现的三只"小兔子"立即告诉老师其他人的藏身之处。

第五次游戏, 孩子们利用沙发等建了一个密不透风的房子。孩子们仍然选择分头躲藏, 老师最先找到了藏在房子里的三只"小兔子"。"如果你们告诉我伙伴藏在哪里, 我就不把你们吃掉!""他们在那儿!他们在那儿!""老师, 你抓到我们才算赢！"浩浩向老师发出了追逐游戏的信号。

第六次游戏，这次浩浩拼命地用身体堵着钢琴旁边的幕布一角，在前面几次游戏中他是第一只说出同伴藏在哪里的"小兔子"。

（案例作者：贾欣如　张家口市幼儿园）

游戏的进行，反映了躲猫猫游戏中另一个特别的价值——互动，从案例中可以看出孩子们利用各种手段，在游戏中积极地与同伴和教师互动，中班孩子们开始建立和同伴的友谊，形成社交。前几个案例中，孩子们也有互动，如和妈妈对视时的笑声。这个案例中孩子们还很享受被教师找到的游戏的愉悦。

在游戏过程中，孩子们会借助更多的物体，会为自己创建躲藏的空间。然而，他们却想不到在教师的面前，忽然搭建一个建筑，会是多么的突兀，多么的不隐蔽，反而更容易被人发现。终有一天，他们会发现其实躲藏是利用身边最不显眼的空间，来作藏身之处。

### 四、一起捉迷藏吧

从孩子各个阶段躲猫猫的行为中，我们可以发现孩子心理认知发育的过程。孩子的童真行为中，蕴藏着发展的力量，包含着发展的内在规律，所以成人不断陪伴孩子玩游戏与互动的过程，对于孩子获得经验非常重要。

#### （一）陪伴是孩子最好的礼物

我们需要按孩子的发展水平配合孩子游戏，陪伴孩子成长。孩子在不同阶段有不同的快乐体验。

#### （二）恰当引导，提高心理理论能力

捉迷藏的游戏规则是躲藏者和找寻者都必须猜测对方的心理，分析体察他人的心理，调整自己的躲藏策略，这是一种心理智慧的表现。这背后隐藏着很多孩子心理发展的秘密，这就需要教师或家长尽可能多地创设捉迷藏的环境，让孩子在游戏过程中积累经验，经常与孩子交流躲藏的技巧和策略，引导孩子看一看藏起来的地方有什么利弊，从他人的角度看是什么样子的，从而帮助孩子提高心理理论能力。

和孩子一起重返童真，陪伴与理解是给孩子最好的礼物。

### 第三节　绿色的彩虹

你一定经历过这样的事情，美术活动后，孩子兴高采烈地拿着他的画给你看，

原来是一幅看起来乱糟糟的画，这时你会怎么回应他？你也有可能经历过这样的事情，明明只离开孩子几分钟，可是当你回来后，沙发上、床单上、桌子上、墙壁上都被孩子的彩笔涂得满满的，这时你会怎么做？

毕加索有一句名言："每个孩子都是天生的艺术家。"和孩子一起创作的过程中，你是否经常有这样的困惑，就是看不懂他们的作品，不知道他们在画什么？或者发现孩子的画作中出现了错误，孩子的认知出现了误差，思考是否纠正他们？

让我们一起用心来读懂孩子，读懂孩子的作品吧！

## 一、孩子的艺术就是想象

孩子天生就是艺术家。曾经有艺术大师这样指出，"如果你没有了艺术创作的灵感，那就到幼儿园看看孩子们的涂鸦吧！"爱画画和敢画画是每个小孩子的天性。看孩子拿着笔最初涂鸦的时候，你从哪个孩子的嘴里听到过"不会"这个词语呢？没有。所以孩子是敢画画的，孩子对创作充满兴趣，看他们在墙上尽情地挥洒，兴奋无比，那专注的样子，你怎么能不承认他们爱画画呢？

孩子画画可以自由发挥不受任何拘束，这是他们认识世界、感知世界、表达自身情感的最简单直接的方式。孩子画的是自己的生活体验，是自己对世界的认知，表现的是他们最纯粹的视角和生命最初的律动。

### 案例 4-3-1　绿色的彩虹

时间：2019.09.11

观察幼儿：丁丁

观察地点：班级教室

观察者：夏老师

图 4-5　绿色的彩虹

意愿画活动结束了，老师开始和孩子们一起张贴他们的作品。这时，老师发现丁丁的画纸上有一条弯弯的长长的东西，"这是什么呢？"老师小声嘀咕着："这是黄瓜，丝瓜？"后来，她请丁丁讲一讲他的画。

"刚刚下完雨，太阳出来了，彩虹也出来了，彩虹前边还有一点乌云呢……"丁丁说。

"那——，这是什么呢？"老师指着彩虹两端的小花问。

"我想用漂亮的小花托着彩虹，不让彩虹掉下来。"

老师紧接着问："你见过这样的彩虹吗？"

"我见过，我在天上看见过——"

（案例作者：夏青　张家口市幼儿园）

　　仔细看丁丁的画，我们会发现这幅画中表达了他对外部客观世界的认识和理解，"雨后、太阳、彩虹以及彩虹的形状"，也表达了他对客观世界寄予的美好愿望与想象，用小花托住彩虹，希望彩虹不要掉下来，永远都不会散去。

　　孩子的审美感受带有强烈的主观意识。孩子被生活中美的事物吸引，常常把自己的主观想象附加于客观物体上。"绿色的彩虹"不是客体自身所具有的，而是孩子与审美对象相互作用中，当彩虹的形象特点与孩子的情感达到交融时，在其心理所产生的情感对应物。

　　孩子的艺术表现与创造是认识世界的方式。首先，孩子的意愿画能最真实客观地反映他们的现有思维水平和艺术语言。其次，孩子感性地把握世界，直觉、形象地描述世界，这有别于成人逻辑性强、科学性强的，运用理性思维描述和认识世界。罗恩菲德在《创造与心智的成长》一书中说："儿童对艺术的看法是与成人不同的，艺术对儿童不过是表现的方式而已。"孩子有自己的想法，而且他们的想法绚丽多彩。他们的作品表达着他们眼中的世界，表达着他们对这个世界的理解，是他们心灵世界的表征，也是很多成人看不到或者看不懂的。所以哪怕是孩子天马行空的想象，我们也要细细品味，倾听并真正地从他们的视角去理解他们。

## 二、孩子的游戏就是艺术

　　刘晓东教授在《儿童精神哲学》一书中说，孩子的游戏是自发的、自由的。孩子通过游戏来展现其潜在的精神。孩子在游戏中很容易忘却自我。

### 案例 4-3-2　树叶伞

时间：2019.10.29

观察幼儿：冉冉、淼淼

观察地点：幼儿园操场

观察者：崔老师

　　秋天到了，树叶渐渐地变黄，从树上落了下来。小二班的孩子们和老师在院子里捡树叶，孩子们把地上的落叶一片一片地捡起来。这时下起了毛毛雨，老师招呼孩子们跑回屋檐下，回到班里去把刚刚捡回来的树叶洗一洗，然后再玩。孩子们都捧着自己的树叶欢快地去盥洗室了，不一会儿，孩子们在洗手盆里洗完树叶就出来了，他们要晒树叶，有的把树叶贴在窗户上，有的想要将其晾在操场上。这时有个叫冉冉的小女孩走到升旗台上，一只手抓着一片叶子高高地举着，老师走过去问她："你在干什么呢？"她说："老师，树叶伞。"这个孩子完全没有被其他孩子影响，静静地站在那里，看着她的"树叶伞"。

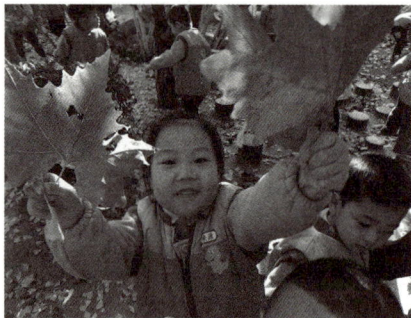

图 4-6　看我的树叶美不美

孩子们在活动室里玩树叶，有的在做树叶饭，有的随意拼摆着树叶，孩子们都沉浸在自己的世界中，忽然教室里传来了响亮的歌声，"祝你生日快乐，祝你生日快乐……"循着歌声发现是淼淼在唱歌，只见她正用树叶堆成一堆当作生日蛋糕，她唱得如此沉醉，而且是唱给自己听的。周围一个人也没有，淼淼一遍又一遍不停地唱着生日歌，她的表情也随之越来越欢快，她一会儿换一个地方唱，一会儿又舞蹈着唱，甚至还找来一个小长条沙发，爬上去，高高地站在沙发上，继续快乐地歌唱。这时有好几个小朋友被淼淼吸引了过来，大家围着淼淼一起唱生日快乐歌……

（案例作者：崔淑艳　张家口市幼儿园）

孩子们的艺术感受被认识事物时的直觉印象影响。冉冉和淼淼，她们对艺术感受对象不加过多的分析与综合，而是凭借第一印象与直觉反应来做解释与判断。

从上述案例中，我们清晰地看到孩子们游戏中的忘我状态。想一想冉冉的静立是忘我在"树叶伞"艺术形象中，还是忘我在想象的精神世界中？淼淼是忘我在游戏的趣味中，还是忘我在歌唱的艺术中？而其他孩子发现了同伴的游戏，就立刻参与其中，这是否意味着孩子们的游戏和艺术，既与现实世界相连，又超脱现实？

所以，当我们看到孩子们的艺术想象和艺术表现不客观时，他们的游戏行为和游戏状态不客观时，请尊重他们，不要急于纠正，也不要急于制止，就让孩子们享受这一刻的珍贵的"忘我"。

### 三、支持孩子的艺术创作

你现在是否仍有这样的疑问：彩虹包括赤橙黄绿青蓝紫七种颜色，那绿色的彩虹，这样的画法对吗？孩子的画作和其当前经验、认知发展、自身的表现力、绘画技能以及自己所要表达的情感均有关系。艺术对他们而言，就是一种表达方式，尤其是在早期，甚至是一种比语言更强有力的表达方式。他们与生俱来就有艺术表现和创作的潜能，能运用多感官不断建构和生成艺术作品。

对此，教师要秉持何种态度呢？如何理解他们的艺术作品，如何更好地支持他们的艺术创作呢？

### （一）倾听孩子的心声，回应孩子的需求

《指南》要求我们"了解并倾听幼儿艺术表现的想法或感受，领会并尊重幼儿的创作意图"。我们可以在他们创作时倾听他们的自言自语，适时给予积极的回应和鼓励，满足他们的需求，支持他们更好地创作；在创作完成后也要倾听他们的独特表达，不仅听取他们心里有趣的故事、极其珍贵的童年回忆，还要感受他们天马行空的想象世界，这是我们了解他们、理解他们真实的内心世界的重要途径，如案例中"绿色的彩虹"。又如，有个孩子在户外游戏结束后画下了游戏故事，结果画面的一半都是黑黑一团，教师百思不得其解，询问后才知道孩子画的是"炮轰了整个战地医院"，这不就是孩子刚刚游戏时的真实生动的记录吗？

### （二）提供丰富的探索环境，支持孩子的艺术创作

孩子的创作有其独特的魅力，在某种程度上创作是他们不断探索周围环境、材料，与其对话、互动的过程。《指南》指出："幼儿艺术领域学习的关键在于充分创造条件和机会，在大自然和社会文化生活中萌发幼儿对美的感受和体验，丰富其想象力和创造力，引导幼儿学会用心灵去感受和发现美，用自己的方式去表现和创造美。"所以教师要创设宽松的心理环境让孩子尽情创造，要提供一系列丰富多样的适宜孩子创作的环境、工具、材料等，这将有助于他们大胆想象，敢于并乐于表达自己真实的理解和想法，创作出更具表现力的作品。例如，给孩子提供两种单一呆板的材料创作，与给孩子提供八种灵活多变的材料探索，最终创作出的作品，在表现力等方面肯定不在同一层次。所以给孩子提供多种机会、多种选择，更利于孩子的艺术创作。

在艺术表现和创作过程中，孩子的画作不是对外部世界的客观再现，而是加入了自己的情感、经验、愿望和需求等。所以作为教师，一味地要求画得好、画得像、画得正确，是不现实的，也是不符合孩子年龄特点的。教师要理解孩子，尊重孩子的艺术作品，始终把孩子的情感放在首位，而不能用所谓的科学的客观事实标准来衡量孩子的艺术作品。

呵护每一个孩子的艺术之心和游戏之心，让孩子自由地去画画吧！

## 第四节　再见了，我们的幼儿园

如果说孩子的情感是最纯真的，那么孩提时代的友谊也是最纯洁的。可是，对那个在幼儿园时期形影不离，睡觉也要挨在一起，手拉着手的玩伴，最终也要道声离别。

孩子从家庭走向幼儿园后，开始感受各种各样的关系，同时也在体会各种各样的爱和情感，孩子会体会到好朋友的友谊和家人的爱，但是也会开始面临分离，这是残酷而又不得不面对的考验。我们要教给孩子的是：只要有爱，即便面临分别，我们也可以坚强地面对。

### 一、孩子会知道离别吗

**案例 4-4-1　六月话离别**

时间：2019.06.28

观察幼儿：大三班的孩子们

观察地点：活动室

观察者：胡老师

六月，又是一年一度的毕业季，大三班的小朋友也在讨论着离别的话题。

幼儿1："离别就是离开一些你熟悉的人。"

幼儿2："离别就是离开一些平常很多时候在一起的人。"

幼儿3："我要毕业了，离开老师和小朋友，有些不开心，非常舍不得。"

幼儿4："我觉得很难过，特别想哭。"

幼儿2："我想和即将离别的人一起走。"

幼儿1："我想跟老师说一句：'老师，我想回来看你！'"

幼儿2："我想给老师和小朋友朗诵一首毕业诗。"

幼儿4："我想对老师说：'谢谢您教我知识！'"

幼儿3："我从小学放学后，每天都回来看你们！"

幼儿1："我想跟好朋友说几句悄悄话，再拥抱一下来告别，最后再说一句'再见！'"

幼儿4："我想和好朋友送礼物告别，可以送一朵花或者画一幅特别好看的表达离别的画。"

幼儿2："我想给小伙伴出几个脑筋急转弯来告别，还要说一声'再见！'，以后我们还有机会再玩。我还想给好朋友送一本漫画书，上小学后上课休息的时候可以看。"

幼儿3："我想给大家演一个节目告别，背一首古诗，讲一个故事，唱一首歌，或者演一个舞台剧。"

幼儿2："临走前，我还想和大家合一个影。"

幼儿1："当好朋友哭着舍不得离开的时候，我就给他一个大大的拥抱！"

（案例作者：胡娟　保定市青年路幼儿园）

以上案例是多名幼儿关于离别的表述，可以看出这个年龄阶段（6岁）的幼儿对于离别有较深刻的感知和认识，知道离别的含义，能体会离别是伤感的，对教师和小朋友有自己独特的告别方式，如说知心话、送礼物、表演节目、照合影、大大的拥抱，还要说"再见"等。幼儿们基本都能以积极乐观的心态面对离别，并能大胆地运用各种方式表达自己的情感，为三年来共同在幼儿园生活学习的师幼情、幼幼情画上圆满的离别印迹。

## 二、孩子会理解离别吗

### 案例 4-4-2　写一封思念的信

时间：2020.05.14

观察幼儿：杨杨

观察地点：活动室

观察者：王老师

中三班的杨杨非常"调皮"，可以说是个让人谈起都会头疼的孩子。班上还有一位名叫彭彭的小朋友，乖巧懂事，深受孩子们和老师的喜欢。这学期，彭彭因为父母工作调动的原因转到其他园所。因为他是突然离开，班级里也并未举行告别仪式，所以也就没有孩子发现和在意班里少了一个同伴。

大概一周后的一天，杨杨突然问老师："老师，彭彭怎么没有来幼儿园？"老师愣了一下，回答："哦，彭彭啊，他跟着爸爸妈妈去别的地方生活，去另外一所幼儿园上学了。""以后再也不来了吗？"杨杨专注地看向老师。老师肯定地点点头，"是的。"听完这个回答，杨杨突然"哇"一下哭了起来。

老师非常意外，她从来没想过向来调皮的杨杨是一个情感如此细腻的孩子。杨杨又问老师："是不是以后再也见不到彭彭了？"老师思考了片刻回答："这可不一定啊！你如果非常想念彭彭，可以让爸爸妈妈帮忙打电话给他，也可以给他写信寄过去，表达你对他的想念，未来总会有机会见面的。"杨杨立马擦去了脸颊上的泪水，去到了美工区角。

过了一会儿，杨杨拿着一幅画给老师说："老师，这是我给彭彭的信，你帮我寄给他吧。"老师接过杨杨的画，看到画的上面有两个"可爱的"小男孩手拉着手，中间还有一颗虽不规整，但涂得红红的爱心。

（案例作者：王森森  雄安容西祥辉幼儿园）

案例中的教师最初并未意识到彭彭的离开会给其他小朋友带来影响，更别提平时顽皮的杨杨了。但是当杨杨主动发现后，教师也并未敷衍这个平时"并不被看好"的孩子，反而经过思考，告诉杨杨可以通过写信的方式来表达自己对彭彭的不舍与思念。而孩子的回应更为温情和细腻，通过一幅稚嫩却温情的画作释放了自己的离别情绪。孩子世界中的离别并没有我们想象中的"无所谓"，我们不仅要让孩子知道离别，懂得离别，还应让他们通过亲身的情感体验，在成人的帮助下知道该如何表达并释放自己对于离别的忧伤，懂得珍惜当下的生活，珍惜现在的情谊。

### 三、孩子如何正视离别

"离别"是指比较长时间地跟熟悉的人或地方分开，也是孩子人生的必修课。离别并不可怕，孩子面临离别也会是一次成长历练，虽然很多成人都希望孩子少经历离别的痛苦，可是我们毕竟不能陪伴孩子一辈子，所以我们更应该正视离别，同时更需要教孩子如何正确地面对离别。

作为专业的幼儿教师，如何在日常生活中为孩子提供相关的学习与支持呢？如何自然地进行渗透教育，提高孩子面对离别的能力呢？

#### （一）坦然地接受离别

首先在日常生活中要让孩子明白：离别是每一个人都会经历的，不管是成人还是孩子，都会面对大大小小的离别，既有短暂的离别，也会有长期的离别，如爸爸妈妈由于工作原因可能要出差一段时间，好朋友也可能会突然搬家，自己喜欢的宠物不小心走丢，亲人离世，或者因为毕业而不得不与教师和小朋友分开……教师可以通过绘本故事、影视动画或生活中真实的例子帮助他们产生认同感。

当然我们不能要求孩子像成人一样客观理智地思考问题、解决问题，我们必须站在孩子的角度分析问题，了解孩子内心的真实需求，肯定他们的情感，理解他们的伤心难过，还要引导他们理解友谊虽然珍贵而美好，但总要短暂分别，不过曾经美好的回忆可以在心中伴随他们，他们也可以时常联系，这次要好好告别并约定下一次的见面。相信期待与兴奋可以代替孩子离别的伤感！我们还要让孩子明白离别意味着要面对新环境，结交新朋友，又是一个新的开始，要学会在眼泪和不舍中勇敢地面对崭新的开始。

### （二）告别要有仪式感

《小王子》中有句话："仪式感就是使某一天与其他日子不同，使某一时刻与其他时刻不同。"在面临离别时，孩子要学会面对离别，理解离别。仪式感有助于他们化解悲伤，满足他们内心的情感需求，减少由离别带来的悲伤、难过等负面情绪。如在即将面临毕业离别时，引导孩子讨论关于离别的话题，回忆分享自己和教师、小朋友相处的点点滴滴，感谢他们的教导和陪伴，表达自己内心的情感，举行特殊的告别仪式，准备告别礼物，选择自己独特的告别方式，隆重地告别，还可以写信或者画画，表达对他们的感情。郑重的告别仪式，让孩子在学会正常表达不舍的情绪之外，还能更加深刻地认识到，离别不再是需要回避的问题，而是另一种意义上的改变。

### （三）释放离别情绪

孩子的离别情绪，也需要一个发泄和释放的通道。让孩子从小学会自我情绪的调适，尤其是负面情绪的排解，对孩子的成长，特别是提升孩子的人生幸福指数起着至关重要的作用。

当孩子的生活中出现离别的现象时，教师和家长首先要考虑怎么做才能让孩子的心情好过一些，帮助他们找到缓解自己负面情绪的方法，并给孩子提供可以宣泄的时间和空间，满足他们的情绪及心理需求。例如，允许孩子哭泣，但是不要哭的时间太长，那样对身体不好；鼓励孩子向信任的人倾诉或寻求帮助，表达伤心难过等情绪；启发孩子想一想快乐的经历；还可以陪伴孩子做运动、画画、听音乐或做一些其他事情，让他们暂时不去想难过的事情；等等。

"在这里度过了无数日夜，我们终于来到了这一天，曾在那里奔跑，曾在那里跌倒，在那里我们曾有过争吵，我亲爱的男生女生朋友，面临即将要到来的离别，我们一起欢笑，也一起歌唱，让歌声冲淡一切悲伤，再见了属于我们独一无二的幼儿园，专属于我们的游乐天堂，当那美丽的花儿再次鲜艳绽放，我们已是小大人的模样。"就像歌曲《再见了，我们的幼儿园》中所唱的。爱和悲伤是孩子的童真和权利，请呵护孩子的童真，请呵护孩子的成长！

# 第五章
## 一个都不能"少"

我们教育的人，不管他是个多么"没有希望"和"不可救药"的钉子学生，他的心灵里也总有点滴的优点。

——苏霍姆林斯基

> 每个孩子都是独一无二的个体。虽然孩子们的性格、兴趣和能力之间存在差异，甚至个别孩子"与众不同"，但这些"不一样"也许不是缺点，反而是他们的特别之处。我们应及时观察发现每个孩子的不同特点，尊重他们的个体差异，了解他们行为背后的原因，在科学认知的基础上对他们的身心发展给予适宜的支持，让每一个孩子都能得到关注与关爱，获得发展，健康成长。

## 第一节 老师，我抱抱你吧

俗话说世界上没有两片完全相同的树叶。在幼儿园里同样也没有完全相同的两个孩子，每一个孩子都来自不同的家庭环境，他们先天的、后天的种种原因所造成的个体差异，我们必须予以尊重，并且能发现他们行为背后深藏的秘密，了解每个孩子的兴趣、能力水平，满足每一个孩子的真正需要，让每个孩子按照自己的速度、自己的节奏获得实实在在的发展。

作为幼儿教师的我们，是否真的能够做到关注每一个孩子的不同呢？是否真正让每一个孩子按照自己的节奏发展呢？我们需要多问自己几个问题。

每每想起新生入园这几个字，我们的脑海里是不是就像有个大屏幕在展现着一幅幅画面，有的号啕大哭，死死地抓住妈妈的衣服不让妈妈走，边哭边喊："我不上幼儿园"；有的不停地问："妈妈怎么还不来接？"；有的默默流泪看见别人哭就大哭；有的不吃不喝、拒绝参加一切活动。我们经常是怀里搂着一个哭的、手里拉着一个喊的，左边一个孩子拉着我们的衣角，右边一个扯着我们的裙子，把这个刚哄睡，旁边那个又醒了，总怕他会弄醒全班的孩子，赶紧把他抱起来哄……每当这个时候，我们都会不由自主地关注那些焦虑情绪严重的哭闹的孩子，希望他们都能不哭不闹，呈现我们想要的理想状态，而忽视了那些不哭的孩子，总觉得不哭的孩子适应能力比较强，觉得他们没有那么严重的焦虑情绪。

## 一、不哭的孩子真的不焦虑吗

每个新入园的孩子的情况和表现出来的行为都不相同，大部分孩子都会哭闹，但也有不哭的孩子，我们教师会认为不哭的孩子入园适应比较快，总是表扬鼓励不哭不闹的孩子，同样家长也是希望自己的孩子能够不哭，能高高兴兴地上幼儿园。

> **案例 5-1-1    "老师，我抱抱你吧"**

时间：2019.09.21

观察幼儿：小萱（小班）

观察地点：班级教室

观察者：郭老师

午睡起床了，孩子们盥洗、喝水、吃辅食，小萱坐在角落里，呆呆地看着老师，非常安静。小萱不爱说话，入园近一个月了，一直没有哭过，虽然有时候早上入园时会有些不情愿，但老师从家长手里接她过来就没

图 5-1    老师，我抱抱你吧

事了。她总是一个人坐着发呆，对什么也不感兴趣，活动室里的玩具也不玩。老师们一致反映小萱性格比较内向。

我看见小萱的头发有些乱，就说："小萱，来，到老师这儿来，我给你梳梳头发"，小萱没有说话，慢慢走到我的身边，依偎在我怀里，在我给小萱梳头的过程中，我能明显地感觉她依偎在我的怀里越来越紧，并且拽着我的衣服，一只手的食指和拇指在反复揉搓着我的衣服，我心里很高兴，心想小萱平常虽然不怎么说话，但还是跟我很亲的。给她梳完头发，我拍拍她的肩膀说："梳好了，快回去吃东西吧。"可是她并没有回去，反而更紧地偎在我的怀里。我搂了她一下，捧起了她的小脸，看见她眼里噙着泪珠，就问："怎么了小萱？想妈妈了"？她摇了摇头，我说："小萱没事的，老师抱抱你，你能给老师说说话吗？想哭就哭一下吧！"她还是摇着头说："我想奶奶了，老师，我抱抱你吧！"说完两只小手紧紧地搂住了我。

我把小萱搂在怀里，轻轻对她说："你想奶奶了就哭吧，老师抱着你，以后你什么时候想奶奶了就到前面来，老师会抱抱你。"小萱在我的怀里特别委屈地抽泣着……

教师反思：见到小萱这样的表现，我心里很不是滋味，回想这些天小萱一直没有哭过，总认为她已经适应了幼儿园生活，没有认真观察她的行为。小萱不哭，难道就真的不焦虑吗？实际上她压抑了自己的情绪，由于我对她的关注不够，造成了她的焦虑情绪不能正确地释放。我通过跟家长沟通，了解到小萱的妈妈由于平常工作比较忙，她在家跟奶奶在一起的时间比较长，晚上都是奶奶带，所以小萱跟奶奶更亲近一些，她的表现跟其家庭有很大的关系。

（案例作者：张立华　衡水市桃城区第一幼儿园）

像小萱这样的孩子我们可能都见到过，当我们面临一大群孩子的时候，往往很难时刻把注意力放在某一个孩子身上，来满足他们所有的需求，这就需要我们走进孩子中间，做到精准化、个体化观察，要善于发现每一个孩子的秘密，尊重他们的不同。我经过认真的反思，认为不适宜的表扬也是造成小萱压抑自己情绪的原因之一。

## 二、表扬可能也会伤害她

在幼儿园的一日生活中，我们总喜欢表扬一些孩子，如"帅帅不哭""你今天表现真棒"，表扬那些我们自己认为做得正确的孩子，总是鼓励他，让他成为其他孩子的榜样，但是这些表扬真的是孩子真正需要的吗？真的对孩子的发展起到激励作用了吗？

### 案例 5-1-2　都要向小萱学习

时间：2020.10.09

观察幼儿：小萱（小班）

观察地点：活动室门口

观察者：郭老师

晨间入园时间，妈妈拉着小萱的手走到活动室门口，小萱有些情绪不高，我见小萱噘着小嘴有些不高兴，就赶紧去拉小萱的手把她接过来，说："小萱早，跟妈妈说再见！"小萱一直没有说话，撇了撇嘴好像要哭。

我见状赶紧说："小萱不哭，小萱从来幼儿园第一天都没哭过，是我们班表现最好的小朋友，小萱真棒！"边说着边从妈妈手里接过小萱，轻声对小萱妈妈说："你走吧，小萱没事的。"妈妈转身离开了，我拉着小萱的手对班里的小朋友们说："你们都要向小萱学习，小萱最棒了，从上幼儿园第一天就不哭，是咱们班表现最好的小朋友。"

（案例作者：许雯雯　衡水市桃城区第一幼儿园）

这样的表扬在幼儿园的一日生活中我们经常用到，我们没觉得表扬孩子有什么不妥，我们总想用赞美的眼光看孩子，不断地激励孩子，给孩子更多的关爱，也相信他们的内心也非常渴望得到教师的表扬，希望教师时刻关注他们。但是每个孩子由于遗传、家庭环境等因素的影响会有不同的性格特征和不同的行为表现，有的孩子可能会为满足和讨好教师而掩饰自己真实的感受。

案例中的小萱因为不哭经常受到教师的表扬，这样小萱会产生一个错误的认识："我想奶奶了也不能哭，否则老师就不表扬我了"，这样的表扬实际上已经对小萱产生了压力，使她不敢表达自己的情绪，教师的表扬也让她不能表达、更没有机会表达自己的情绪，即使想哭都不敢哭，所以一直压抑情绪。其实这种表扬不一定是孩子需要的。

案例中，教师虽然试图想关注每一个孩子，想通过表扬孩子的行为去激励孩子，但是教师缺乏对孩子行为的深入观察，没有分析每一个孩子不同的性格特点，表扬孩子的时机、对象是否合时宜，而使孩子产生了错误判断，使表扬失去了应有的意义。教师没能从孩子的角度去理解孩子，更没有读懂孩子的内心。

### 三、爱她请多抱抱她

《幼儿园教师专业标准（试行）》中也提到教师要了解孩子在发展水平、速度与优势领域等方面的个体差异，掌握对应的策略与方法。爱因斯沃斯把孩子的依恋类型分为四种，案例中的小萱应该属于焦虑—逃避型依恋，面对孩子的焦虑情绪，要引导她正确地表达出来，而不是让她压抑自己的情绪造成压力。

#### （一）关爱孩子

教师应该能够对孩子的哭、笑、生气、惊奇等各种行为表现出比较强的敏感性，并通过自己的判断做出适当的反应，使孩子感受到来自教师的关注、关怀和爱，从而帮助孩子建立安全感，建立与教师之间的信任感。教师可以在孩子入园的一日生活中多摸摸他们的小手，多抱抱孩子，讲故事的时候多摸摸他们的头，排队的时候拍拍他们的肩膀，给他们足够的安全感；还可以多主动地与他们交流，让他们用语言把内心的想法表达出来。

## （二）教师为孩子提供不同的交流机会

在与孩子的交往过程中，教师可多与孩子沟通，与此同时给他们彼此间亲密接触的时间和机会，有些性格内向的孩子往往不善于与同伴沟通，教师应给孩子创设游戏情境，鼓励他们参与同伴游戏。教师要及时跟家长沟通教育方法，让家长调整好家庭与工作的关系，每天抽出时间陪伴孩子，多给孩子一些触摸、拥抱，让孩子的情感需要得到满足。多种形式的交流过程中，教师不难发现，孩子感兴趣的事物是什么、对什么话题感兴趣、孩子成长阶段的困难是什么等。教师只要用心，必然会有教育时机的新发现。

## （三）教师以适宜的方式、行为对待孩子

每个孩子都是一颗种子，只不过每颗种子成长的周期不同，我们要相信孩子，静等花开。也许他永远都不开花，那是因为他是一棵参天大树。作为教育工作者，我们需要注意孩子在兴趣和能力上的个别差异，做到精准观察，发现每个孩子内心的秘密，要正视不同孩子的优缺点，以尊重、接受和安慰的方式提高每个孩子的自我价值感。对于孩子的积极的社会性行为，教师要做出及时且适当的反应，如具有合作、谦让、互助、负责、正直、友好、勇敢等特征的行为；同时对于孩子消极的社会性行为，教师也可以以之为教育契机，和孩子一同讨论，使孩子感受到教师态度及所在集体中的价值取向。积极的回应，不仅是对孩子行为本身的一种评价，同时也加强了师幼互动的质量。在环境创设上，一定要尽力为孩子创设有准备的环境，有层次的他们能够参与的环境，相信每个孩子都能富有个性、全面发展。

## 第二节　你不许笑我

一个孩子就是一个世界。幼教工作者，随时都能感受到孩子之间的个体差异。他们有的活泼开朗，有的腼腆内向；有的喜欢安静，有的擅长运动；有的各方面发展比较均衡，有的某些方面能力很突出而某些方面发展有些滞后。我们要做的就是真正了解孩子的个体差异，尊重、关注每个孩子并设身处地为他们着想，为他们提供支持与帮助，让每个孩子都能够健康快乐地成长。

幼儿园时期是孩子们学习习惯和社会交往养成的重要时期，也是培养他们的自理能力及生活习惯的关键阶段。而如厕作为幼儿园一日活动中的重要环节，反映了孩子们最基本的生活自理能力和卫生习惯。如厕很简单，但它伴随人的一生；如厕

很重要，因为孩子只有掌握了一些简单的生活自理基本技能，才会更顺利地成长。在幼儿园，特别是在小班，我们经常会遇到孩子尿湿裤子的情况，小班上学期，有的孩子一天甚至会换几条裤子。作为教师，面对孩子尿裤子时，你会怎样做？孩子尿裤子后佯装淡定也不对你讲，你是否会在第一时间注意到？发现孩子已经尿了裤子，你会怎样跟他交流？

## 一、怎么说，孩子才爱听

### 案例 5-2-1 是我出的汗

时间：2019.10.27

观察幼儿：墨墨（小班）

观察地点：活动室

观察者：莎莎老师

午睡起床后，孩子们如厕、喝水，聪聪老师帮孩子们整理被褥的时候发现墨墨的小裤子湿乎乎的，他似乎是尿床了。老师到活动室把墨墨叫了过来，轻声问："墨墨，你刚才睡觉的时候是不是尿床了？"墨墨撇了撇嘴说："没有！""那你的小裤子怎么湿了？来，让我摸摸你的裤子。"聪聪老师不放心，还是要再次确认一下墨墨的裤子，果真墨墨的裤子就是湿的，确定是墨墨尿床无疑。可是墨墨还是坚持说自己没有尿床，"老师，我热，出的汗。"聪聪老师赶紧说："尿床也没事的，来，老师帮你换一条裤子就可以了，以后裤子湿了就告诉老师好吗？""我不换裤子！"只见墨墨的泪滴从眼眶流出，他抽泣着说："我没尿，是出的汗！"看得出来墨墨特别委屈，聪聪老师帮墨墨换了一条干净的裤子并安慰他说："换条裤子就行了，穿着湿裤子多不舒服啊！"但是接下来两天的午睡时间，墨墨一直翻来覆去地没有睡着。

（案例作者：南芳 衡水市桃城区第一幼儿园）

从这个案例可以看出，墨墨比其他的孩子更敏感，虽然教师在面对他尿裤子的时候，悄悄地把他叫过来，耐心地帮他换了裤子，但是墨墨并不开心，反而可能内心比较委屈，他觉得尿床是一件不光彩的事情，故而坚决不承认。虽然旁边没有别的小朋友，但教师当面问孩子是否尿床没有顾及孩子的隐私，也未给予孩子充分的尊重，伤害了孩子的自尊心。

幼儿园是孩子踏入社会、体验集体生活的第一个场所，也是孩子们形成自我意识的重要时期。他们特别需要来自教师和同伴的尊重。这种尊重既是他们健康成长的前提和保证，更是他们建立自尊心和自信心的根基。《指南》提出：要尊重幼儿发展的个体差异。案例中的墨墨是个特别敏感、自尊心很强的孩子，所以教师更要对他尿裤子后不承认的现象予以理解，站在孩子的视角按照孩子的意愿来看问题、思考问题、理解问题，教师可以幽默地说："哟，你出的汗真多！"或者"如果不换裤子那你先穿一小会儿，一会儿不舒服再换。"然后从侧面引导孩子正确地对待尿裤子的问题，用发展和欣赏的眼光看待孩子。

## 二、怎么做，孩子才成长

### 案例 5-2-2　你不许笑我

时间：2020.10.27

观察幼儿：泽泽（小班）

观察地点：盥洗室

观察者：张老师

上午的户外活动结束了，小二班的小朋友们在盥洗室里如厕、洗手。只见男孩泽泽慢吞吞地摸了摸裤子，提上去又褪了下来，他看了看我，没说话，又低头提上了裤子。我意识到，他很可能尿裤子了。我走到泽泽面前，轻轻问道："怎么了泽泽，是尿裤子了吗？"泽泽半低着头，不好意思地看着我，小声地说："湿了。"我摸了摸泽泽的裤子，发现已经湿透了。我蹲下身，安慰他说："没事儿，裤子湿了不要紧，我们一会儿去换一下裤子。"

在给泽泽换裤子的时候，我微笑着问泽泽："宝贝怎么尿裤子了，是没来得及脱裤子吗？"泽泽抿抿嘴，大眼睛看着我，小声地说："站着的，你不许笑我"，我没明白他为什么这样说，就继续问他为什么说老师笑你啦？泽泽不好意思地说："我蹲着小便，他们笑我。"

泽泽的话让我感到十分意外和不解，我马上给保育员李老师描述刚才的事情，李老师说泽泽小便的时候总是等小朋友都走了再去，并且总是蹲着小便。我恍然大悟，由于刚才孩子们户外活动回来的时候，盥洗室里孩子很多，他可能是面对其他的孩子不好意思蹲着尿，所以站着小便的时候尿裤子了。

通过及时与泽泽家长沟通，我们了解到泽泽总是蹲着小便已经排除了疾病因素，是因为在上幼儿园之前，泽泽在家一直是这个习惯。泽泽的妈妈也提示过孩子要站着小便，但并没有过多的关注、指导孩子，也没有和幼儿园老师及时沟通。泽泽之所以在幼儿园小便的时候总是怕人看见，是因为在家自己从未尝试过站着小便，缺乏解便需要的基本技能和经验。但强烈的自尊心迫使他模仿别的男孩子站着小便，但他根本没注意裤子是否拉到了合适的位置。这也就导致了泽泽每次小便都把裤子尿湿。

（案例作者：张立华　衡水市桃城区第一幼儿园）

自理能力会直接影响孩子自信心的形成。幼儿园是孩子学习各种技能，培养各种能力的重要场所。由于家长的过度照顾、过度保护、包办代替，孩子锻炼的机会被剥夺了，因而缺乏必要的生活自理能力，在幼儿园的集体生活中必然缺乏独立性，不会与人交往，容易受挫、失败，从而感到自卑。

### 三、特别的爱给特别的他

《纲要》指出："幼儿园必须把保护幼儿的生命和促进幼儿的健康放在工作的首位。"如厕能力的培养是幼儿园生活教育的一项内容，对提高孩子的生活自理能力、智力、情感、独立性、克服困难等能力的发展都有重要意义。《指南》中提出要"尊重幼儿发展的个体差异"。所以在幼儿园如厕教育中，教师不仅要从身体健康的角度来看待教育中的问题，还应从孩子身心和谐健康发展的视角来重新审视。用爱和欣赏的眼光看待每一个孩子，站在孩子的角度思考问题，按照孩子的意愿解决问题，让每个孩子可以按照自己的速度、自己的节奏获得实实在在的发展。

#### （一）创设安全感的环境

米歇尔·波尔巴的自尊理论告诉我们，安全感是自尊最重要的一个因素，一个孩子有安全感，意味着他对自己满意并且能尊重信任别人，因此需要给孩子创设培养安全感的环境。如孩子的排便很容易受到环境的影响，从家庭到幼儿园，环境的更换造成部分孩子心理的不适应，导致了他们排便的失控。孩子如果经常在幼儿园里尿裤子，难免会受到其他小朋友的关注和嘲笑，面对这样的孩子，教师要在其被嘲笑时施以援手，在其取得进步时及时鼓励，给予他充分的表扬和肯定，为他创造体验成功的机会。

#### （二）提高技能、建立自信

现在很多家长重孩子早期智力开发、学习能力培养，而忽视其独立能力的培养。这就导致了个别孩子在家没有基本的生活技能。教师应与家长及时沟通，家园配合，加强对孩子生活技能和独立能力的培养，使孩子逐渐自信。

教育家马卡连柯说过："没有爱便没有教育。"冰心也说过："有了爱，便有了一切，有了爱，才有教育的先机。"

当发现个别孩子出现特殊问题时，教师要给予他特殊的关爱，站在他的视角去思考问题，多安慰他并从心底去接纳、关心他，帮助他提高自理能力和解决问题的能力，让他建立充分的安全感和自信心。

在孩子的成长过程中，我们要引导他们去发现淡淡的花香，去感受微风的轻抚，去聆听大自然美妙的声音，去仰望璀璨的星空，让他们不断去感受成长道路上的美好事物。对于孩子，我们要始终遵循他们身心发展的规律，尊重他们的个体差异，多一些尊重、多一些宽容、多一些耐心、多一些期待，默默耕耘、静待花开……

## 第三节　从"个体差异"引发的思考

每个孩子都是一个单独的个体，每个个体之间的差异也是众多而不同的，每个孩子因天赋不同会造成能力的差异：有的孩子语言表达能力较强，有的孩子身体灵活性较强，有的孩子不愿意积极参与集体活动，有的孩子自信活泼、喜欢表现自己等。《指南》中指出："尊重幼儿发展的个体差异。""要充分理解和尊重幼儿发展进程中的个别差异，支持和引导他们从原有水平向更高水平发展。"

在幼儿园的一日生活中，我们应通过观察孩子的一举一动，深思他们个体差异背后的原因，面对他们的个体差异，我们又该如何有效地给予激励评价，我们应采取怎样的教育对策，来促进他们从原有水平向更高水平发展。

### 一、感统能力差异背后的原因分析

要真正做到尊重孩子发展的个体差异，支持和引导他们从原有水平向更高水平发展，就必须分析造成他们差异背后的原因、寻求对策，进而促进他们健康的发展。

#### 案例 5-3-1　"双脚跳"太难了

时间：2021.05.27

观察幼儿：迪迪（小班）

观察地点：体操馆

观察者：张老师

小班的体操课上，在"小兔跳"游戏中，小朋友们分成三组，分别按顺序向前双脚跳跃，拿回胡萝卜。哪一队最先全部拿回，哪一队获胜。如果中间不能按照标准双脚跳的动作，必须返回起点重新开始。迪迪听到指令后，就双脚交替蹦，老师提醒他双脚一起抬起，一起落地，可是迪迪并不能完成双脚跳这一动作。排在后面的队友很着急，于是老师就把迪迪带到了另一活动场地，让他在没有时间压力的情况下，再次尝试双脚跳，可是迪迪满头大汗，最终仍没有完成任务。

（案例作者：张立华　衡水市桃城区第一幼儿园）

很明显，案例中的迪迪跟其他孩子相比在跳跃能力方面存在很大差异。针对迪迪在游戏中的运动表现，我们可以了解孩子家庭的遗传因素，如父母的运动协调能力发展状况等。此外，我们要进一步了解孩子的环境和家庭养育方式，如孩子从小被家庭成员过度保护，极少自己走路，体能锻炼机会过少等。孩子的个体差异有些自出生开始就已显现，有些是上幼儿园开始呈现。

我们知道，0～6岁是孩子动作发展的关键期。孩子1岁左右会渐渐学会站立继而会走、会跑、会跳等。作为教师，我们只有深入了解每个孩子的已有发展水平，关注每个孩子动作发展关键期的到来，并针对孩子的个体差异制定适合其发展水平的细化的动作发展目标，才能有效促进孩子的身体发育、动作发展和机能协调。我们可以考虑依托专业机构制定专业系统的对孩子动作发展水平的评价系统，主要目的是明确不同发展水平的孩子对应的动作发展目标，进而尊重孩子的个体差异，提供较有针对性的支持策略，从而促进每个孩子健康发展。

## 二、科学探究能力差异的有效评价

孩子对科学的认识并非一蹴而就的，而是渐进的。透过孩子的行为，我们能够看出孩子由低水平层次向高水平层次的纵向的发展表现。孩子自身并不能完成由自由探究到问题探究的提升，教师的指导和支持尤为重要。《纲要》指出："科学教育应密切联系幼儿的实际生活进行，利用身边的事物与现象作为科学探索的对象。"科学探究离不开孩子的实际生活经验，彼此间的经验是存在差异的，探究的后期过程也存在个体差异。面对孩子的个体差异，我们往往更多地关注孩子某一水平层次的能力表现，而对其他层次的水平表现有所忽视。比如，总是对能力差一些的孩子给予更多的支持和鼓励，帮助他完成既定的教育目标，而对于能力较强的孩子，我们习惯性地给予肯定，而可能并没有给予更多的支持。

### 案例 5-3-2　我的"小鸟"有眼睛啦

时间：2019.09.27

观察幼儿：瑶瑶、一晨

观察地点：活动室

观察者：文文老师

在科学活动"影子剧院"中，"如何让影子里的小鸟有眼睛？"老师的提问激发了孩子们强烈的探索欲望。瑶瑶先给小鸟卡片画上眼睛，然后拿手电筒照了一下，屏幕上只出现了小鸟的影子，谁料小鸟没有眼睛。然后她又尝试用黏土给小鸟贴上眼睛，小鸟还是没有眼睛。两次都没有成功后，她静静地思考了一下，大声说："我知道了，打孔器，打孔器！"她马上拿来打孔器，在小鸟的眼睛部位打了一个孔，她高兴地拿着手电筒再次尝试的时候，兴奋地跳起来，大声喊着："有了，有了，我的小鸟有眼睛啦……"成功的喜悦感染了在场的每一个人。

图 5-2　我的"小鸟"有眼睛啦

在同一个活动中，一晨小朋友在活动的最后也没有成功，她尝试了无数次，把小鸟的身上粘满彩泥，也给小鸟贴上了眼睛，但是她的小鸟影子就是没有眼睛。不过她始终兴趣满满，很专注地给小鸟换了几种不同颜色的彩泥，拿着满身贴满彩泥的小鸟不停地问："看看，我的小鸟漂亮吗？我的小鸟太漂亮了！"

（案例作者：张立华　衡水市桃城区第一幼儿园）

案例中一晨小朋友的表现已经偏离了"给小鸟变出眼睛"的目标，显然，这两个孩子在面对问题并解决问题的探索过程中表现出来的能力是有明显差异的。

教师在活动中对能力强的瑶瑶小朋友会及时表扬："你真棒！""你真聪明！"而对能力稍差的一晨会给予更多鼓励，帮助她达成目标。但是这种简单的评价只能让孩子维持在原有水平，不能促进孩子向更高的能力水平发展。

### 三、对不同孩子的支持策略

面对孩子的个体差异，教师如何正确激励、评价孩子？需要为活动中不同能力的孩子提供怎样的支持策略呢？

#### （一）转换观察视角

虞永平教授指出，观察孩子需要技术，更需要激情、智慧，眼睛不是观察孩子的唯一器官，我们要从教师视角向"儿童视角"转变，从站着到蹲着转变我们的体位，从游走的观察者到坐着的观众转变我们的角色。教师要学会观察孩子的发展兴趣、需要、能力水平等，为孩子的发展提供鹰架教学支持，进而满足孩子的发展需要，促进孩子自主学习能力的提升。要让教学走在孩子发展的前面，同时不断提高教师的专业水平。

### （二）营造宽松的环境

孩子的探究行为还是比较浅显的，他们开始有问题意识，但仅仅关注自己感兴趣的现象，活动中"游戏性"的体验还是孩子不可缺少的重要心理成分和构成要素。孩子有自由选择的权利，有自己的理解和表现方式。教师是孩子探究活动的组织者和扶助者，在孩子产生探究行为时，教师应为孩子的探究活动创设宽松自由的环境，给孩子以充分的时间和空间去协商、磨合，而不是催促，更多的是鼓励和支持孩子主动地探究和交往。

### （三）分层次投放材料

心理学家罗伯特·索马说过：人离开环境，便无行动可言。材料的分层投放要紧紧追随孩子的能力水平和发展需要。操作活动中，每个孩子都能基于自己的能力水平选择适合自己操作的活动材料，一些孩子需要多次选择才能找到自己的发展需要。孩子感兴趣、难度适中的活动材料会进一步诱发孩子的探究兴趣，增强孩子克服困难的勇气和参与活动的自信心，进而收获成功。成功是快乐的源泉，快乐是成长的基础，积极乐观的人生态度就是从这里开始的。

### （四）表征记录多元实效

尊重事实是最起码的科学态度，孩子要如实表达探究的过程及结果。这一过程离不开教师的指导与帮助，教师要引导孩子认真观察并感受事物的差异及多样性。在感受和体验之后，孩子应以不同的表征形式记录，如图画、符号、文字等。教师可为孩子提供支持性的记录纸张，纸张的设计上可尊重孩子不同发展水平的需要。

### （五）评价客观真实

孩子自我概念的建立依赖身边成人及伙伴的评价，孩子周围的每个人都会对他们的个体心理发展构成影响。在日常活动中，教师应该注重评价视角的转换，积极运用多视角、差异性、多元化的评价方式，注重评价对每个孩子的积极促动作用，尽量不要用一些简单的评价如"你表现很好""你真棒"等语言来敷衍孩子。在评价中，对能力强的孩子注重提出更高的目标要求，对能力弱的孩子注重态度和方法，教师的目的是帮助孩子建立战胜困难的勇气和自信心，继而完成学习任务，产生深入探究的欲望。

每个孩子都是独特的个体，每个孩子都有独特的成长方式和成长规律。作为一名幼儿教师，我们要善于观察、发现并关注、尊重孩子的个体差异，更重要的是思考其差异背后的原因，并及时拿出对策，来满足孩子最近发展区的需要，最大可能地促进孩子在原有发展水平上提升！

# 第六章
# 无声的教育

教育就是努力行动和帮助成长。

——余清臣

什么是教育？有人说孩子是一只慢慢行走的蜗牛，教育是牵着蜗牛散步，需要留足等待的时间和空间；有人说孩子是各种花，他们的花期不同，教育是静待花开。还有人说，真正的教育是用一棵树去摇动另一棵树，用一朵云去推动另一朵云，用一颗灵魂去唤醒另一颗灵魂。

身为一名幼儿教师，面对孩子时说起"教育"两个字，总感觉有千斤重担在身，总想让自己有千变万化的本领能教育好每个孩子。在工作中，当我们经历过无数次亲眼目睹孩子开心快乐的时刻时，我们心头豁然明朗，教师就应努力地学习、实践，尽己所能为孩子的成长和发展提供支持和帮助，而且一些无声的教育方法更能让孩子收获不一样的生命礼物。

## 第一节 会说话的区角

什么样的环境是孩子最喜欢的环境呢？是"娃娃家"、建构区、"小医院"还是手工坊？看到这一串的活动区名称，幼儿教师的脑海中肯定会出现一幅幅孩子在活动区中自由、自主玩耍的画面：他们或怀抱娃娃喂水，或手拿画笔画出一位身穿长裙的公主，或手拿听诊器认真地看病，或已经用积木建起了一座座高楼，等等。

维果茨基有句名言，"教育应该走在儿童发展的前面。"环境和教育对孩子的发展都有不可估量的作用。好的环境不仅影响孩子的情绪，更对孩子的学习与发展起着特别重要的作用。因此，教师与孩子应共同对活动区进行空间的规划、区域环境的布置、材料的投放还有一些规则的制定等，让孩子富于感官体验，营造探索、选择和自由的环境，让环境成为一位会说话的教师来支持孩子自由、自主地游戏。

## 一、孩子是环境的主人

在幼儿园里，区域游戏已经成为孩子的主要活动，为了更好地让区域环境支持和促进孩子的游戏和学习，教师会奇思妙想地布置区域环境。"幼儿作品展示区"是环境布置中不可或缺的一项。教师通常会把孩子的作品用自己喜欢的方式、方法展示出来，这看起来效果很好，但这样的呈现是孩子喜欢的吗？如果你走到孩子身边听听他们的想法，你可能会得到不一样的答案。

### 案例 6-1-1　贴蝴蝶

时间：2020.10.17

观察幼儿：妞妞（小班）

观察地点：活动室

观察者：李老师

美工区，妞妞做好了一只蝴蝶。我看到她踮着脚尖努力往暖气上方的管子上贴。我问她："你为什么要把蝴蝶贴在管子上？"妞妞说："我要把我的蝴蝶贴得最高。"我说："有什么办法能把蝴蝶贴到管子上呢？"妞妞说："我登上椅子就可以了。""用帮忙吗？""不用啦！"说着，妞妞搬了一把椅子试了试，发现不行，又搬了两把摆在一起，我扶着妞妞站在上面，让她把蝴蝶贴在了管子上。当妞妞看到自己的蝴蝶贴在了最高的位置上，她开心地笑了。

（案例作者：栗彦英　石家庄市栾城区第一幼儿园）

相信当看到孩子开心的笑容，每位教师都会发自内心地高兴。案例中妞妞想把自己的作品进行布置，教师耐心观察并给予了支持，让孩子收获了满足感和成就感。主题墙作为幼儿园物质环境的一部分，对孩子的发展起着隐性的教育作用。孩子可以通过与主题墙的互动不断建构自己的经验，满足自己的发展需要。主题墙的主人应该是孩子，要让他们来决定作品的摆放和布置，让他们亲自进行作品布置。在班级中我们经常看到孩子们积极关注自己的作品，会因为主题墙上贴有自己的作品而愿意向同伴介绍，愿意和他人分享感受，在这一过程中，孩子收获了自我成功感和自我满足感，同时增强了自我表达的欲望。

环境是孩子的第三位教师。我们要时刻将孩子的发展作为目标，把环境创设的自主权还给孩子，让孩子成为环境的主人，科学有效地引导每一个孩子主动参与到幼儿园的环境创设之中，鼓励孩子展开想象的翅膀，大胆表达自己的想法。

## 二、有准备的环境

蒙台梭利认为"儿童应该发现能激励他们的环境，这样才能兴致勃勃地投入活动中并且实施他自己的经验。"在幼儿园里，教师往往在室内选择柔和的色调，摆放低矮的橱柜，放置温馨的地毯、沙发及小巧童趣的挂饰摆设等，这些环境布置都能让孩子放下戒心，放松心情，产生游戏兴趣。同时，宽松、和谐的环境氛围，能够让孩子在游戏中更多地体验到愉快感和成功感。我们一起来看看下面的案例，感受温馨的环境对孩子发展的促进作用吧！

### 案例 6-1-2  他们笑了

时间：2020.09.17

观察幼儿："娃娃家"中的 5 个幼儿

观察地点：宝宝二班

观察者：文文老师

观察背景：小班的孩子入园初期，他们的班级生活因为年龄特点，缺少了一些和谐友好的气氛，要么是自己玩耍，要么是争抢玩具。"不会玩"是教师对他们的初步评价。孩子快乐地玩起来是教师特别期待看到的场景，有时在"娃娃家"里，我们能看到他们友好且开心的画面。

图 6-1  温馨的"娃娃家"

图 6-2  孩子们笑了

今天，5 个小朋友正在"娃娃家"里玩，黄色的帐篷中白色的纱幔垂下来，灰色的地毯上摆放着软软的靠垫，旁边配有低矮的桌椅，原木色的橱柜上有各种厨房用品、还有一些婴儿用品。几个女孩子每人抱着一个娃娃坐在地毯上轻声地和娃娃说着什么，男孩子则在玩炒菜的游戏。这时，晨晨拿起炒菜的工具，举着玩偶做炒菜的动作。她把炒好的"菜"分别送给其他的小伙伴，又把"鸡腿"递给身边的悠悠说："请你吃鸡腿。"其他小朋友都学着晨晨的样子把手中的"水果""蔬菜""肉食"互相赠送，说"请你吃××"。从没主动说话的悠悠也笑着把水果递给身边的小朋友说："请你吃橘子。"他们就这样重复着这一句话："请你吃'鸡腿'（橘子）"，不停地互送水果和食物，孩子们的脸上洋溢着幸福的笑容。

（案例作者：栗彦英　石家庄市栾城区第一幼儿园）

　　案例中的教室里摆放了软软的靠垫、低矮的桌椅及支持孩子游戏的玩具等，孩子在这样的环境中感受到了"家"的温馨与安全，可以放松身心地愉悦游戏。可见孩子的游戏需要适宜的环境，而教师创设温馨、舒适的环境能够帮助孩子产生亲切感，是孩子自由游戏的前提。这样孩子在游戏中才能无拘无束地表达自己的内心情感，大胆表达需求，充分发挥个性。

　　但是有准备的环境也不是对"家"的照搬，首先需要尊重孩子的年龄特点和发展区，在观察分析的前提下进行环境创设。教师以"导游"的身份成为孩子主动学习的引路人，随时给予指导，在他们需要帮助时施以援手，当他们潜心探究时，退身其后，让孩子真正成为环境的主人。

### 三、区域创设的策略

　　区域活动是教师根据教学目标以及孩子的年龄特点和发展水平，投放相应的材料，让孩子自主选择、操作、探索、学习、积累和表达自己的经验与感受，同时获得情感、认知和社会性等方面发展的一种教育形式。合理的区域创设以及适宜的材料投放是区域游戏开展必不可少的条件，区域创设的数量、空间和环境影响孩子游戏的质量，材料是孩子进行区角活动的必备条件，材料的投放关系着孩子参与区角活动的热情。那么应该投放什么样的材料，以什么样的方式投放也是值得教师思考的问题。

#### （一）孩子参与规则制定，让墙面会说话

　　幼儿园可以充分发挥墙面的教育功能，教师要使孩子了解规则的作用，将区域规则的建立作为其自身的需要，引导孩子在区域活动过程中共同建立规则，并认真执行、遵守。让孩子自主协商制定规则，然后将规则以图文并茂的方式粘贴在墙上，提醒孩子应该怎么做，实现让墙面说话的教育价值。例如，环境区域设置明显的标识以及和孩子共同讨论的区域规则，游戏要按照区域人数和区域计划，等等。

#### （二）不断增强区域创设的趣味性

　　陈鹤琴说："小孩子生来是好动的，是以游戏为生命的。"游戏是孩子的"工作"或"学习"。孩子的学习以游戏为主且游戏的趣味性要强。增强区角的趣味性要求教师以观察为前提，充分了解孩子的兴趣爱好，不能想当然地用"我认为"代替孩子的想法。要把"儿童视角"的区域创设作为基本原则，为每个孩子提供玩和说的

机会，根据孩子的兴趣创设区角，并让孩子在区角中充分发挥和展示自己的才能。

### （三）投放材料科学合理有层次，提高安全性

教师在为孩子提供材料时，应根据所设定区角游戏的目标投放材料，选择适当的材料投放方式，并根据本班孩子的发展水平进行调整，适当改变原有材料的投放方式，为孩子创造玩法多样的游戏材料。首先，区角材料的数量要合理，既要保证每个孩子都能根据自己的兴趣找到适合自己的材料，又要考虑区角能容纳的人数，合理分配材料，不要一个区域投放的材料过多，另一个区域投放的材料过少。其次，根据教学目标、区角主题的变化，投放材料的种类也要有所调整，保证材料及时更新。最后，材料投放应注重安全性，教师要选择操作起来比较安全的材料供孩子使用，消除安全隐患。

## 第二节　幼儿园里的同伴

假如请你回忆自己童年的伙伴，你会想到谁？那个马上想起来的伙伴一定和你共度了难忘的童年时光。孩子也许是孩子最好的老师。小时候从同伴那里我们学会了很多知识和本领，学会了折纸小鱼，学会了打招呼，学会了分享，等等。同伴学习在幼儿园里自然地发生着。在一日生活中、游戏中，每个孩子都可以成为同伴的"小老师"。

同伴群体作为人的社会化过程中重要的影响因素，直接或间接地对孩子的学习产生作用，同伴互动学习是孩子获取知识的重要途径之一。正如社会建构主义所主张的，知识源于社会的意义建构，学习者应在社会情境中积极地相互作用。一方面，孩子以原有知识经验为背景，用自己的方式建构对事物的理解；另一方面，孩子处在向社会开放的系统之中，通过与同伴、教师的相互作用进行学习。每个孩子来自不同的家庭，他们有不同的成长背景，也就表现出兴趣、能力和性格的差异，而这些差异恰恰都是孩子发展和成长的重要资源。教师要善于把握和利用这些无形的教育资源。

### 一、看见同伴的支持

在幼儿园一日生活中，孩子无时无刻不在学习。一些孩子所表现出来的对新鲜事物的热情、投入以及专注、认真等品质，其他孩子可以通过模仿而习得，从而促进自身的学习与发展。

时间：2020.06.25

观察幼儿：洋洋（4岁半）

观察地点：户外草地

观察者师：莎莎老师

户外游戏时间，孩子们选择了自己喜欢的活动项目后四散玩耍，我开始来回巡视和观察孩子的游戏。只见洋洋在草丛边低着脑袋，双手放在膝盖上，半蹲着在三叶草堆里看着什么，有两个伙伴看到他这样，也围了过来。这时洋洋蹲下从三叶草叶子上捉到一只蜗牛，大声地喊着："蜗牛，我捉到了一只蜗牛。"于是四五个小朋友闻声围了过来，也高兴地说道："蜗牛，蜗牛。"一个孩子说："让我看看，让我看看！"其他孩子也都嚷嚷起来："让我看看，让我看看！"在孩子们的要求下洋洋把蜗牛放在了地面上，蜗牛太小了，洋洋趴在了地上，双手放在地面上，下巴垫在手上静静地看着。其他孩子也都趴在了地面上，像洋洋一样。一会洋洋把脑袋放得更低了，其他几个孩子也像洋洋一样，几个人的脑袋挤在了一起。

图 6-3  捉到一只蜗牛

图 6-4  让我看一看

洋洋拿来放大镜观察蜗牛，他说："蜗牛太小了！"其他孩子也拿来了放大镜观察。洋洋说："我去找片叶子喂喂蜗牛。"等他拿来叶子，佳佳、崇崇也跑去找叶子了。他们小心翼翼地把叶子放在蜗牛的身边。洋洋双手握成房子状，把蜗牛捧在手里，边走边提醒大家小心别碰到他的蜗牛宝宝。

图 6-5  我们都来看蜗牛

（案例作者：栗彦英  石家庄市栾城区第一幼儿园）

案例中洋洋非常喜欢蜗牛，他看到蜗牛时惊讶的喊声，表现出他对发现蜗牛的惊喜。后来他趴在地上静静地、专注地观察，并找来放大镜，运用工具帮助自己观察，这说明他是一个善于发现、善于学习的孩子。他的行为表现激发了身边其他孩子观察蜗牛的兴致，他们模仿他的观察动作，而这又激发起更多孩子对蜗牛的探究欲。

美国幼教专家丽莲·凯兹说："儿童的学习品质不太可能是从直接的教导中获得的，更多是通过模仿学习身边的人而逐渐形成的。"在幼儿园里除了教师，孩子接触最多的就是自己的同伴，他们年龄相近、身心发展水平也接近，会有相同或相近的兴趣爱好，因此他们会选择相同的游戏活动。一些游戏中孩子会成为其他孩子模仿的榜样，他们的探索行为、积极语言都能给同伴以支持，使同伴主动学习获得发展。

因为年龄特点，孩子不可能用合适的词汇来描述自己的工作方式或教育信念，可作为成人的教师却能很容易地观察到这些行为或技能。因此，观察孩子，看见孩子的积极行为，看见孩子的学习，了解孩子的学习方式，教师才能提供适宜的支持。

## 二、同伴行为的帮助

同伴互动学习经常发生在不同发展水平的孩子之间，教师应该鼓励孩子向同伴示范解决问题的方法，发展水平高的孩子对低水平孩子的操作活动进行示范或指导，帮助低水平同伴达到自己的发展水平。同伴的动作行为虽不像教师的支持那样深思熟虑，但无形中同样为孩子提供了支持，如使孩子在活动中通过观察他人的示范行为，达到学习目标，来增强学习的自信心。

### 案例 6-2-2　剪窗花

时间：2020.11.20

观察幼儿：佳佳（5 岁半）

观察地点：活动室

观察者：英英老师

今天我组织了剪纸活动，每组四个小朋友围坐一桌。我先引导孩子观察窗花的形状和花纹，重点讲解三折法，让孩子们开始尝试剪。我走近孩子身边，看看他们的操作过程，在第二组的孩子中一个瘦小的女孩佳佳吸引了我的目光。只见她静静地坐着，眼睛望向我，但当时孩子们都在手忙脚乱地尝试三折法，我没有马上回应她。后来，我刚想对佳佳说些什么时，只见她把目光转向了自己身边的小伙伴。佳佳左边的伙伴在折正方形的纸，只见她把正方形的纸对折了三次折成长方形，右边的在折好的纸上开始剪各种图形，佳佳也拿起了纸开始折，一边折一边看向同伴，看了一会她开始动手折。然后试着把纸折了又打开，看了看同伴的动作，又重新折。我站在她身旁静静等待她的成功，最后她把作品拿给我看，我赶忙告诉她"太棒了！折对了！"佳佳脸上露出了笑容。

（案例作者：粟彦英　石家庄市栾城区第一幼儿园）

班杜拉的社会认知理论强调模仿的重要性。要使一个榜样发挥作用，学习者必须对他认同，有进行模仿的动机，并能重复榜样的行为。从案例中我们感受到孩子是天生的学习者，他们自身拥有自主学习和成长的能力。佳佳在学习的过程中遇到困难，她能通过观察同伴学习折纸的方法，不断模仿和尝试寻找解决问题的办法，提升自己的学习能力，体验到通过自己努力获得成功的喜悦心情。

我们看到孩子通过模仿同伴的言行学习与人交往、大胆表现自己，或者通过观察同伴获得学习方法，不断尝试体验成功。这就是同伴学习的力量。教师能做的就是相信孩子，给予支持，让他们有充足的时间观察、尝试和探索，肯定他们的互助学习方式和良好的同伴学习氛围。

### 三、同伴情绪的鼓励

如果孩子们身边有一位爱笑的教师，那么你会看到孩子们脸上经常洋溢着笑容。如果班上有很多爱笑的孩子，那么整个班级经常会洋溢着欢声笑语。积极的情绪会传染，孩子的情绪同样能影响同伴。

#### 案例 6-2-3　折帽子

时间：2019.12.03

观察幼儿：佳佳和默默

观察地点：活动室

观察者：英英老师

图 6-6　看着示意图来折

图 6-7　看看同伴怎样折

图 6-8　我来教你这样折

图 6-9　我们都折好啦

默默和佳佳并排坐在桌子边上折纸，他们折的是帽子。折纸区墙壁上有折帽子的示意图。默默看着示意图一步步地在尝试，佳佳也看着示意图在折。折到第五步的时候佳佳遇到难题，翻折这一步不会，她望向了默默，默默也在研究这一步。只见默默用眼睛看一下示意图，然后赶紧折一下，再看一眼示意图然后再折一下。她发现佳佳在看着她，就对佳佳笑了笑，继续折。佳佳看了一会，开始自己折。佳佳开始模仿着刚才默默的样子，看一步折一步，一边比对示意图一边折，最后佳佳也折成了。

（案例作者：栗彦英　石家庄市栾城区第一幼儿园）

案例中的默默在佳佳遇到困难时，对佳佳笑，然后继续安静地折，传递了在遇到困难时自己的情绪状态不是气馁而是积极应对。有了默默的情绪支持，佳佳有了安全感，她觉得既然默默能笑着面对困难，那自己也可以，默默的行为激发了佳佳探究的信心。

幼儿园孩子的同伴学习是一种以自我为中心的相互学习。这一过程更多地体现了孩子学习的直观性与自主性。同伴学习是一种有效的学习方式，体现了孩子交流、探索、成长的过程。同伴积极情绪传递是班级良好氛围建立的前提，教师要善于发现并肯定孩子的积极行为，鼓励同伴间的互助。

## 四、同伴语言的力量

认知建构主义和社会建构主义学习理论都认为语言交流在合作学习中有至关重要的作用。语言交流给孩子提供了了解彼此意图和观点的契机，语言交流水平越高，信息沟通就越充分。语言交流还可以缩短合作者的心理距离。在对话的过程中，孩子相互沟通、相互理解、相互体认。在合作学习的过程中，每一个小组成员都应在清楚地表达自己想法的同时，能够很好地理解同伴表达的观点。具备良好的语言交流能力的孩子能够融洽地参与到同伴间的交流或讨论中去。因此，要重视同伴交流带给孩子的学习机会，这需要教师用自己敏锐的洞察力，去捕捉并及时予以支持。

"孩子是孩子最好的老师"并不是空谈，而是我们走近孩子后，随处可见并真实发生的系列故事。我们看到了孩子间的相互促进与相互学习，并为他们的学习能力感到惊讶。看见孩子，我们内心变得更柔软了，每个孩子的变化与成长都让教育者欣喜、牵挂，因而更觉得工作有趣和有价值。专业的知识是我们深入了解孩子、看见孩子的保障；而学习与实践的脚步永不停歇，才能使我们看见孩子后的感悟更深刻，在专业发展的路上走得更扎实。

## 第三节  教师的支持

幼儿园里每个孩子都是教师的宝贝，作为教师的我们应认真倾听他们的心声，努力理解他们的行为，用我们的爱和专业呵护他们的成长。在日常工作中，教师的专业性除了体现在创设适宜的环境、提供丰富的材料，还要善于运用支持策略，引导孩子的游戏深入发展。在一日生活中，教师需要适时地介入与支持，挖掘深层的潜能，促进孩子创造性的发展，帮助孩子形成健全的人格。教师的支持在孩子主动学习的过程中发挥着至关重要的作用。那么教师如何正确观察、判断孩子在自主游戏活动中的表现，为孩子提供支持呢？

### 一、教师的支持需要深思熟虑

在孩子游戏时，总还有一些教师要么把自己当成"牧羊人"，只是在孩子游戏发生冲突时替孩子解决纠纷；要么只是充当孩子游戏的旁观者，看孩子游戏。作为一名专业的幼儿教师，我们需要知道什么时候和如何去支持孩子的游戏，以及什么时候不去干预他们的游戏。

角色游戏对孩子的成长具有弥足珍贵的价值。角色游戏是孩子按照自己的意愿进行的活动，对培养孩子的主动性和独立性有着重要的作用。孩子十分喜欢角色游戏，教师也会常常光顾"小医院""娃娃家"等角色区。只不过孩子游戏时，教师应该是以游戏的观察者和支持者的身份出现，可以使用语言的方法或者非语言的干预方法支持孩子的游戏。但无论使用何种方法，教师都尽量不要打断孩子的游戏。

**案例 6-3-1  "好再来"厨师**

时间：2020.10.08

观察幼儿：谦钰、多多、涛涛

观察地点：角色区

观察者：王老师

"好再来"小餐厅游戏开始了，谦钰、多多、涛涛一起来到了小餐厅。谦钰扮演顾客，多多扮演服务员，涛涛扮演小厨师。

"请问您想吃点什么？红烧鱼不错，今天特价哦！"多多指着菜单，热情地向谦钰介绍菜品。"我要红烧鱼、宫保鸡丁、糖醋里脊……"谦钰一边点菜，一边笑着问，"饮料都有什么？不要加冰啊。"两个人又是对话，又是呵呵地笑，开心极了。

过了一会儿，她俩突然发现，厨房里的厨师迟迟没有出菜。于是多多跑去对厨师说："菜好了吗？顾客都等好半天啦，超时要免单的。"可是涛涛一直在自顾自操作，并没有搭理她。于是谦钰也起身来到厨房，拿起锅碗瓢盆开始忙活，完全忘记了自己"顾客"的身份。她边炒菜边吆喝："香喷喷的红烧鱼好啦，这是几号桌的菜啊？"这个时候一直在旁边观察她们游戏的黄老师走过去问谦钰："你刚刚不是顾客吗，怎么现在开始当厨师了？"谦钰脸上的笑容一下子凝固住了。她迅速地扔下手中的炊具，走出厨房趴在了桌子上，一声不吭。黄老师也很尴尬，不知道该说些什么。

（案例作者：王淼淼　雄安容西祥辉幼儿园）

在孩子的自主游戏中，教师的关键性干预和有效支持能够提升游戏的质量。而游戏中良好的干预效果依赖恰当的干预时机，需要教师在观察孩子游戏的过程中，寻求恰当的时间点介入并给予自然的、有效的支持。此案例中，教师不假思索的一句提问，直接导致孩子离开活动区停止游戏，并产生低落的情绪。可见，教师介入孩子游戏的时机和方式非常不适宜，属于无效支持。

教师在观察孩子游戏的前提下，理解孩子行为并了解孩子的需求所在，是为孩子提供适宜支持的第一步。教师看懂孩子行为后，要清楚自己为什么要去干预、选择什么时候干预以及自己使用的干预方法，而不是影响孩子游戏的兴趣，扰乱孩子游戏的过程；坚持对自己在角色游戏中的支持行为进行反思，才能真正让角色游戏成为孩子成长的沃土。

## 二、教师的非言语支持行为

如果提到教师的支持，你能想到什么？除了第一时间在脑海中出现的环境支持，你是否也想到了当孩子取得成功时，教师的点头微笑，竖起大拇指能给予孩子莫大的鼓励；当孩子遇到困难时，教师肯定的眼神能激发孩子的斗志；当孩子胆小时，教师的一个拥抱能给予他胆量……教师一句鼓励的话语或动作，一个关切的拥抱或眼神，耐心地倾听或亲切地陪伴，都会让孩子感受到教师的关怀与鼓励，当然，必要时，一个禁止的动作、一个严厉的眼神等非言语行为，也有助于培养孩子的规则意识、纪律观念和群体归属感。幼儿教师合理的举止言行，尤其是非言语行为，往往会润物细无声地影响孩子的成长，产生良好的期待效果，促进孩子的身心健康发展、规则意识内化和与潜能储备。

## 案例6-3-2　捡落叶

时间：2019.11.26

观察幼儿：婷婷（3岁半）

观察地点：户外

观察者：艳艳老师

观察背景：秋风起，一片片树叶落到了地上，为大地铺上金黄的地毯。孩子们看到地上的落叶忙得不亦乐乎。老师拿来放叶子的箱子和大袋子，一声令下，孩子们像小马驹一样四散跑开，一趟又一趟捡、放、捡、放……满了的时候再摁一把，然后又跑开，孩子们的笑声在院落里回荡。

图6-10　不要怕，我来拉着你

图6-11　一起捡落叶

今天我和孩子们在户外捡树叶，婷婷站在原地一动不动，她的眼睛看着其他小朋友，脸上也没有表情。我问她："你怎么不去捡叶子？"她没有说话，眼睛也不看我。我又问了一句："你是不敢吗？"她点了点头。我拉起她的手走到人少的地方，她拿起一片叶子放在手里，很快又放下了。我蹲下捡起

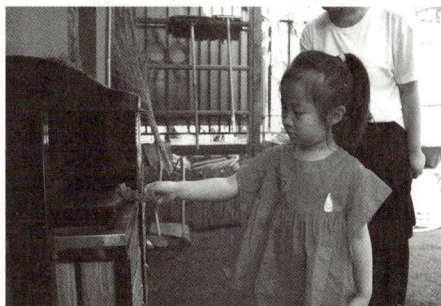

图6-12　自己放到纸箱里

一片给了她，她也学着我的样子蹲下来，捡了一片叶子。我指了指放纸箱子的方向，引导她朝纸箱子走去，她走了几步又停下，我牵起她的手走到了纸箱子旁边，和她一起把树叶放了进去。等我松开她的手，她开始尝试自己捡树叶了。看着她来回穿梭的背影，我忽然觉得无声的引导和鼓励多么重要！

（案例作者：栗彦英　石家庄市栾城区第一幼儿园）

小班孩子入园初期来到新的环境中，缺乏安全感，会有些胆小。这时教师的一句话、一个动作，都能让孩子感受到鼓励和爱。教师营造欣赏、鼓励的环境给予孩子心理、情感上的支持非常有必要。蒙台梭利曾说："如果孩子们成长于鼓励他们自由发展的环境中，他们将变成自我激发者、自我学习者。"教师既要为孩子创设良好的物质环境，又要创设良好的心理环境。健康的成长环境是孩子成长的沃土，能支持孩子茁壮成长。

### 三、教师的言语支持

苏霍姆林斯基曾说过"教师的言语——是一种什么也替代不了的影响学生心灵的工具。"教师巧妙的使用言语，既能增进与孩子之间的感情，又能激发孩子的学习兴趣，支持孩子的游戏，促进积极有效的师幼互动。有时教师描述同伴的行为，就可以支持孩子继续游戏，有时适时地提问就能拓展孩子游戏的内容……

#### 案例 6-3-3　"娃娃家"里的女孩

女孩小雨独自坐在"娃娃家"给娃娃穿脱衣服。她不看也不与周围的孩子交往。教师观察了她一会儿决定干预。教师问："你的娃娃饿了吗？我们可以给她做饭。"小雨不说话，继续给娃娃穿衣服。教师又说："如果她饿了的话告诉我，我们可以去厨房给她做一顿丰盛的午饭。"教师边说边走向厨房，拿出食物与小雨玩平行游戏。小雨走向教师："我的宝宝饿了。"教师："好吧，让我们看看给她做什么。"小雨抱着宝宝来拿食物，这时小花走向教师："我来做饭。"教师："为什么你俩不一起做饭？我来抱娃娃吧。"这时小宝也过来加入游戏。

（节选自刘焱的《儿童游戏通论》）

教师的言语是师幼互动中重要的组成部分，恰当的言语的作用不仅是促进信息的传递、情感的交流，更重要的是促进孩子学习习惯、能力的培养。案例中教师通过观察发现孩子需要成人的引导和帮助，于是通过询问的方法鼓励孩子与其他孩子交往，开始的询问没有达到目的，教师又用建议的话继续引导孩子并且和孩子一起玩游戏，当小花、小宝加入游戏时，教师用巧妙的话引导他们一起做饭进行合作游戏。

　　教师只有了解每个游戏中的孩子的个性特点、发展水平和学习方式，才能为孩子提供适宜的反馈和支持。教师可以根据具体的情况来选择和确定适宜的、具体的方法，如描述、询问、提问等。

　　大量的研究证明了教师参与和指导孩子游戏的重要性和必要性，教师的支持让孩子受到鼓励去探索、提问和使用想象力，这些主动学习的经验增加了孩子以后的入学准备经验积累，更为孩子成人后承担合理的风险提供了保障。通过各类教学理论的学习，教师的支持有了努力的方向。教师的支持如何更加专业和适宜，需要教师真正地走进孩子、看见孩子。

# 第七章
## 这就是学习

∧
∨
∨
∨
∨
∨
∨

要解放孩子的头脑、双手、脚、空间、时间，使他们充分得到自由的生活，从自由的生活中得到真正的教育。

——陶行知

走近孩子，理解孩子，支持孩子的发展，就必须从孩子自然的生活样态出发，充分尊重孩子，给予孩子自己动手、动脑的机会，让孩子保有好奇心和求知欲；让孩子在自己的生活和游戏中不断尝试、探索和创造，在适当的环境和教育的条件下最大限度地抒发孩子的内在力量，唤起孩子的内在本质，充分发展孩子的潜力；让孩子获得自信，身心得到全面的发展。

## 第一节　梳小辫的孩子们

每天午睡后，看着孩子们头发蓬乱地从小床上爬起来，作为一个幼儿教师，你是怎么做的呢？你是不是轻轻地将孩子揽入怀，然后温柔地给孩子梳他们喜欢的发型？也许你的回答是肯定的。是的，作为一名幼儿教师，我们怀抱着对孩子满满的爱，一问一答中，传递给孩子的是我们满怀的温柔和爱意。

### 一、这样的场景您喜欢吗

**案例 7-1-1　我来帮你梳辫子**

时间：2019.06.14

观察幼儿：欣怡、思妍、雯雯

观察地点：保定市青年路幼儿园活动室

观察者：顾老师

图 7-1　我来帮你梳辫子

图 7-2　先扎好一边

下午进班，看见午睡后的思妍、欣怡还有雯雯站在与自己一样高的镜子前面梳头发，思妍和欣怡不一会儿就把头发梳好，欣怡梳好自己的头发走开了。

图 7-3　两边要一样

个子最矮的雯雯站在那里，怎么也弄不好自己的头发，她好像有点着急了。思妍看到了，走过来对雯雯说："我来给你梳吧。"只见她先拿小梳子把雯雯的头发从中间分开，然后把一边的头发抓住用皮筋绑了起来，之后又把另外一边的头发抓起来梳了一个小辫，接着对雯雯说"梳好了！"

雯雯从镜子里看了看，摇了摇头说："这不行，你看两边都不一样高！"思妍仔细看了看，好像是不一样高，马上说："好吧，我给你重新梳！"只见思妍又仔细地把雯雯的头发重新梳了一遍。雯雯对这次梳的小辫点头表示满意，她两个小手一边挒着两个小辫子，一边笑着说："谢谢思妍！"思妍也露出了满意的微笑。她们两个手牵着手转身离开了。

看着孩子们微笑的样子，我的心里忽然有些感动。带班的刘老师走过来对我说："我看你也对孩子们梳头比较感兴趣，你瞧，其实你进来之前她们是这样梳头的。"我看到刘老师相机里好几个女孩子正在叠罗汉一样彼此梳着对方的头发。

图 7-4　叠罗汉式梳头发

（案例作者：顾联胜　沧州市第一幼儿园）

亲爱的老师，这样的场景你喜欢吗？

孩子们的行为如此让人感动。思妍不仅熟练地给自己梳好了小辫子，而且还主动帮助遇到困难的雯雯；叠罗汉一样梳辫子的孩子们互助协作，给人带来深深的震撼与感动。这种生活方式颠覆了以往对于梳头环节的固有模式，拓宽了这一环节的组织形式，而这个过程又是那么的亲切、自然、和谐、真实，充满童趣，无比温馨的画面中看到了孩子的体验、学习、成长与发展，岂能不深入人心、叫人欢喜？

## 二、这样的"快乐"与"成长"我喜欢

日本幼教专家高杉自子在《幼儿教育的原点》一书中，提出"幼儿园是孩子的生活场"，她认为，幼儿教师要善于把教育意图或教育目标与内容隐含在环境中，力图使每个孩子在真实的生活中，在与环境的相互作用中，获得学习与发展的机会。这就是说，作为幼儿教师，我们应该把幼儿园变成让孩子体验自身生活的实践场所，让孩子在自己的生活中获得内在的成长与发展。

### （一）孩子的真生活

在梳头这样的生活场景中，我们看到了孩子的自我管理和自我服务意识，这种有效的自我管理和服务，不仅能够培养孩子的独立能力、自觉性和自信心，更体现了教师对孩子"不教的教育"。教师把对孩子的爱与尊重，化成了孩子的自由、自主、互助与协作，这不仅利于孩子生活能力的获得与提升，实现自我成长，更利于孩子美好品德的养成，对孩子一生的发展起着至关重要的作用。这样的生活才是孩子的真生活！

### （二）孩子的真需要

"梳头"只是孩子日常生活中的一件小事，但是这样简单的行为却蕴含着重要的意义。孩子们不是一夜之间长大的，而是在日积月累的过程中，一点一点成长起来的，孩子的各种能力也是在这样生活化、情境化的日常生活中一点一点得到锻炼和提升的。

幼儿园是孩子们共同生活的地方，他们在这里与同伴共享集体生活，在生活中认识自我并学习同伴的长处，也正是在与同伴相互作用的过程中，积累了快乐而丰富的生活经验。"生活化"的教育才是孩子真正需要的教育。

### （三）教师的真关注

孩子的发展是在需求不断得到满足的过程中实现的，只有真正地关注孩子，才有可能读懂孩子，发现孩子的需要，找到教育的契机，与孩子产生有效的互动，促

使孩子得到更好的发展。

案例中"跟孩子一样高的镜子，精心准备的小梳子，家一样的环境"是教师对孩子需求的关注；从教师给我的照片中我看到了教师对孩子发展的关注；从孩子头顶上成人眼里并不完美的小辫子，我看到教师对孩子的肯定和对孩子心理成长的关注，这些都真正体现了教师对孩子的真关注！

教师相信孩子是"有能力、有自信的学习者和沟通者"！我想这才是幼儿教师要践行的教育理念与教育情怀！

### 三、相信孩子，放手孩子，让孩子真实地生活

案例中没有我们常常看到的情景：孩子们一个一个排好队等待教师梳头发，而是孩子们互相帮助、自由快乐的梳头场景。反思我们日常的教育，教师常常按照自己的思路去设计课程和内容，制订一日活动计划，我们似乎更重视有计划、有组织的集体教学，很少从孩子的真实生活出发，我们要"教"给孩子太多的知识和技能，我们想让孩子成为我们"理想"中的样子。

走近孩子，理解孩子，就必须从孩子自然的生活样态出发。上面的案例给了我们很多启示。

#### （一）聚焦孩子的生活体验，给孩子更大的成长空间

幼儿园生活应该是教师和孩子共同体验的生活，而不是教师把自身经验直接告诉孩子，或出于安全考虑代替孩子去生活。我们应该为孩子提供生活化、情境化的学习环境，让孩子在体验中去发现和解决问题。孩子自己穿衣服、吃一餐饭、洗一个碗、扫一次地或和伙伴共同完成一件件小事，都会让孩子有更多的机会，通过亲自尝试和探索去发现知识和提高能力。

陈鹤琴先生也提出"凡是儿童自己能够做的，应当让他们自己做""凡是儿童自己能够想的，应当让他们自己想"，所以在孩子的一日生活中，要积极践行活教育的理念，但凡孩子能自己完成的，都应该让孩子自己去尝试、探索、体验，孩子的每一次动手动脑，都会在其成长路上留下痕迹。

陶行知先生说过："要解放孩子的头脑、双手、脚、空间、时间，使他们充分得到自由的生活。"我们要在生活中给孩子提供广阔的学习空间，我们给予孩子的应该是一方池塘，而不是一个鱼缸。只有这样，孩子才能获得更大的发展。

#### （二）相信孩子，为孩子的成长"留白"

留白，原是书画艺术中的一个专有名词，但也可用在教育中。我们要相信孩子，为孩子的成长留白。留白是给予孩子自由探索世界本真的机会，是梦想和自由开始

的地方，是充满无限想象的空间。

重视孩子生活中的学习，就要创造能够"诱发"孩子自主学习、深入探索的活动环境，给孩子更大的空间，给孩子的成长空间"留白"。案例中教师不包办代替，放手让孩子去做，就是给孩子的行动"留白"；孩子成为活动真正的主人，教师退到孩子的后面，"闭上嘴、管住手，睁大眼睛观察，竖起耳朵倾听"，让孩子自己探索、自己思考，成为孩子背后真正的观察者和记录者，这是为孩子的思想"留白"；此外，还要在时间上和心理上给孩子"留白"。

苏联教育家苏霍姆林斯基说过："有经验的教师往往只是微微打开一扇通向一望无际原野的窗子。"教育应该是一个不断引导的过程，教师把生活还给孩子，给孩子足够的成长空间，为孩子的成长与发展"留白"的背后，都是教师给自己做的巨大的加法：环境的创设、材料的提供、日常工作计划、对孩子的关注、教育理念的提升等。只有加法做好了，日常教育教学中呈现给我们的才是"减法"，孩子才会是自己生活的主人。

北京实验二小校长李烈在《会思考的孩子才具有不可限量的发展潜力》中写道："包办过多，就是剥夺了孩子的主体体验权利，就是爱的错位！孩子的健康发展必须以自我发展能力为基础，而自我发展能力必须在真实的世界中培养，必须让孩子在真实的环境中面对真实、体验真实、拥抱真实。"孩子的成长离不开教师和家长的引导，教师和家长既要用心呵护，又要学会放手、敢于放手！这是教师的智慧！"通过生活，在生活中，面向生活"，使孩子在生活中实现自我学习、自我成长与自我发展，这才是幼儿园教育的真谛！

## 第二节　请让我自己来

"自己来，自己来，
自己起床坐起来，
自己的衣服自己穿，自己的帽子自己戴。
自己的被子自己叠，自己的玩具自己摆。
自己刷的牙儿净，自己洗的脸儿白。
自己的事情自己做，都夸勤快的小乖乖。"

情景一：来园时，爸爸妈妈或者爷爷奶奶抱着自己的宝贝走进幼儿园，孩子远远地看见教师，便使劲地挣脱大人的怀抱，大声地喊："快点放我下来，我要自己走！"

情景二：离园时，孩子自己脱下室内鞋，要换上回家的鞋子，试了好几次还是没有穿上，于是一旁的家长急了，一把抢过鞋子，说："快点吧，妈妈还有事，我来帮你穿！"

情景三：午餐时，孩子在饭桌上吃饭，一不小心，把饭菜洒到了桌面上，保育老师看到了，默默地帮孩子把餐桌上的饭菜清理干净……

作为教师，类似的案例你一定经历过许多，面对孩子的成长，我们成人有时会生出许多烦恼："孩子做事情太慢了，我帮他比较快。""他自己吃弄得到处都是，我喂他省事！""他不会自己穿鞋子，慢慢长大就会了！""我不想让他干活，我舍不得！"我们希望孩子成功，结果常常是：我们包办越多，孩子能力越差。

## 一、"请让孩子自己来，放开手"——你能做到吗

作为教师和家长，我们总是希望孩子们能养成良好的生活习惯、卫生习惯、学习习惯，因此总会想出各种各样的方法和孩子们互动、游戏。一日生活皆教育，生活中的时时刻刻、点点滴滴，我们都在为孩子创造良好的学习环境，期望孩子能够全面健康地成长。但是，面对成长中的孩子，我们真的能做到吗？

### 案例 7-2-1 老师，我想抱着他

时间：2020.10.22

观察幼儿：盛盛

观察地点：楼道

观察者：顾老师

早上来园时间，老师站在教室门口迎接孩子们，一边跟孩子们打招呼，一边观察孩子们的情绪表现，还时不时地夸奖："萱萱今天真高兴，老师见到你也很高兴。""平平自己脱衣服，真是太能干了！""聪聪把鞋子摆的真整齐！"……孩子们有序地完成晨检，进入教室选择自己喜欢的区域开始活动。

这时，走廊远处传来大声哭喊的声音："快点让我下去，我要自己走！"一位小朋友一边哭喊，一边挣扎着想从爸爸身上滑下来，爸爸一边放下孩子，一边笑着说："盛盛，别哭别哭，我跟老师说，老师不会批评你的！"盛盛一边哭一边跑向老师："老师，是爸爸非要抱我的，小鸟自己飞，小狗自己跑，我也会自己走，我也是好宝宝！"老师弯下腰，抱住盛盛："老师知道盛盛想自己走，盛盛是个好孩子，我们一起来

告诉爸爸，盛盛可以自己走！"老师抬头看向爸爸："下次让盛盛自己走好吗？"

盛盛爸爸笑着对老师说："老师，我40多岁才有了这个小儿子，每天抱着他来幼儿园对我来说就是最幸福的一件事。孩子天天跟我说他要自己走，可是我舍不得他自己走啊！"说着爸爸不好意思地挠了挠头。

老师安抚好孩子，让他跟爸爸说"再见"，然后转身跟盛盛爸爸说："我特别理解你的心情，但是，孩子在慢慢长大，他需要我们成人承认他是一个有能力的孩子，所以，请你一定尊重孩子渴望自己的事情自己做的愿望，就是再喜欢，再舍不得孩子，也应该让孩子体验自我成长的快乐！"

（案例作者：顾联胜　沧州市第一幼儿园）

反思上面的案例，爸爸因为爱、因为不舍、因为自己的幸福感而剥夺了儿子自己走路的权利。在成人眼中这也许就是一件不起眼的小事，可是在孩子眼中，这却是一件天大的事情。

明明自己能像其他孩子一样走得很好，偏偏爸爸不让走——这让孩子觉得很愤怒，因为爸爸剥夺了孩子的"自我效能感"！什么是自我效能感？简单的说，就是自己认为或感到自己可以完成某件事。这关系到孩子自信心的形成，即"我能行"信念的形成，如果在日常生活中，总是不给予孩子机会展示或运用自己已有的能力，剥夺孩子每一次锻炼、进步、成长的机会，久而久之，孩子就会越来越没有自信，本来是在一个认为"我能行"的关键成长期，结果有可能会变得面对任何事情都会说"我不行、我不会、我不想做"而严重影响自信心的形成。

教师、其他孩子都看着爸爸抱着自己，自己要走爸爸偏不让，这严重损害了孩子的自尊心，让孩子觉得在教师和同伴面前很没面子、很委屈，甚至还担心会被其他孩子取笑，感到爸爸对自己的不信任和不尊重，而陷入纠结、矛盾和无奈的情绪中，影响心理的健康发展。

反思我们成人在替孩子做事的时候，其实会让孩子觉得我们比他有能力，比他有经验，比他做得好；或者要通过帮助孩子的行为证明自己有多爱他；又或者是通过帮助孩子来获得存在感，来证明自己的价值所在。

其实，真正的爱，应该包容、接纳孩子成长中的不足和遗憾；真正的爱孩子，应该舍得让孩子自己去探索、去经历，给予孩子每一次本该属于他的成长机会！

那么，爱孩子，"请让孩子自己来！"

放开手，你能做到吗？

## 二、"我要自己来，相信我"——你能听见吗

每个孩子的成长无人可以替代，只有自己不断体验、不断试错才能获得经验，才能成长。当成人挡在孩子前面时，孩子失去的是自信心、独立性、责任心、创造性等核心能力发展的机会。

时间：2020.11.25

观察幼儿：萱萱

观察地点：活动室

观察者：顾老师

早操结束后，老师带领孩子们回到教室，开始让孩子们自己脱掉厚厚的外套，然后整理好放到衣柜里。孩子们陆陆续续地开始了自己的工作。脱掉厚厚的外套对于孩子来说并不难，但是要把厚厚的外套系好扣子，拉好拉链，然后再折叠好，对于刚刚升入中班几个月的孩子来说还是有些困难。

可是，孩子们不断地在尝试，有的孩子经过努力自己把衣服叠好了，有的孩子在同伴或者老师的帮助下，也已经把衣服折叠整齐放进了衣橱里。老师在孩子中间走来走去，不断观察指导或者给有需要的孩子提供帮助，一转身看到萱萱的衣服拉链还没有拉好，萱萱在使劲地把一边的拉链插到另一边。老师走过去对萱萱说："萱萱，我来帮你吧！"可是萱萱却把衣服往旁边挪了挪，躲开老师说："老师，我想自己来，一会就能整理得很好了！"老师微笑地看着萱萱充满自信的俏皮模样，点了点头："那好吧！萱萱加油！"

图 7-5　自己穿衣服的萱萱

老师在指导其他孩子时，还时不时观察着萱萱的动态，萱萱在一次次地尝试将拉头插进去往上拉，发现拉不上后，她就停下手上的动作思考一会儿，又想办法继续尝试，最后终于把拉链拉好又把衣服折叠整齐！"老师，我自己拉好拉链了！你看我叠得多整齐！"萱萱兴奋地对老师说。老师走过去，使劲抱了抱萱萱，对她说："萱萱真能干，不仅自己会拉拉链，还能把衣服叠得这么整齐，太能干了！"萱萱开心地笑了。

（案例作者：顾联胜　沧州市第一幼儿园）

在这个案例中，我们看到了一个自信的、有自己想法的小姑娘。萱萱的很多行为都是其自主性的表现，如教师第一次发现萱萱拉不上拉链想帮忙时，萱萱能够向教师大胆地表示拒绝，并清楚地表达想"自己来"的意愿。这说明在需不需要帮助这件事上，萱萱是有自己的想法的。既有自己的坚持，又能友好地与教师沟通，这些都是萱萱拥有自我主张、自我依靠能力与意识的表现。而自我主张和自我依靠是自主性人格的两大组成部分，自主性强的孩子有自己的想法，不易受他人或外界的影响与诱惑。而教师充分信任孩子，让孩子获得充分的信心与不断尝试的愿望，有利于孩子良好情绪的形成。

信任，是人际关系中的润滑剂，它有利于人与人之间的沟通与交流，能促进孩子自尊的产生并让孩子学会信任别人，让孩子快乐成长。作为家长和教师，我们千万别小看孩子自己系鞋带、穿衣服、盛饭、洗碗这些点滴小事，别忽略孩子每一次伸出的小手，那其实是孩子在表达自己内心的想法，是孩子内心渴望成长的信号。

"相信我、我能行"，这不只是对孩子的一种肯定，更是对孩子的一种信任和激励！

"相信我，我能行"这样的心声你能听见吗？

### 三、"请你自己来"——你是一个有能力的小孩

《发现儿童的力量》一书中，孩子被视为"有能力、有自信的学习者和沟通者"，该书提倡从相信和接纳孩子的视角观察、解读和促进孩子的学习，培养孩子有助于学习的心智倾向，并支持孩子建构和发展关于自己、他人以及自己所生活的这个世界的理论。

因此，在幼儿阶段，无论是家长还是教师，都应该在孩子力所能及的范围内，让孩子"自己的事儿自己做"，让孩子养成自主的习惯；我们还要试着大胆放开手，充分地相信孩子、鼓励孩子，给孩子创造不断尝试、不断探索的机会，慢慢地我们会发现孩子们不仅动手能力逐渐增强，而且自我意识、自我管理能力和自我担责能力等优秀的特质都在逐渐养成。

陈鹤琴先生提出"凡是儿童自己能够做的，应当让他们自己做""凡是儿童自己能够想的，应当让他们自己想"。所以无论是教师还是家长，都应该解放孩子的双手，给予孩子更多的机会自主探究。"亲爱的孩子，请你自己来！我相信，你是一个有能力的小孩，加油！"

## 第三节　有趣的搭建

建构游戏是幼儿园游戏的重要组成部分，是孩子利用积木、纸盒等各种不同的游戏材料，构造一定的物体形象来反映周围生活的一种游戏。一系列的建构游戏活动能促进孩子智力、想象力、创造力、审美能力、体力、情商的全面发展。

孩子会对丰富多彩的建构材料爱不释手，通过做搭建计划、摆弄材料来搭建自己喜欢的造型，这一过程不仅利于孩子自由探索、自主创造，还能使他们在建构过程中体验实际发现问题、解决问题的全过程，体验成功的喜悦，此外，还有助于孩子学会与同伴分享、讨论、沟通、协商、合作，是学习与人交往、体会分工合作的绝佳情境。

作为幼儿教师的你，面对喜欢搭建的孩子，你会为孩子提供什么样的材料，什么样的物质环境和精神环境？还会提供哪些方面的支持呢？

### 一、不同的材料，同样的快乐

又到了玩户外搭建的时间啦！小朋友们一个个化身为小小建筑师和工程师，一个木头接着一个木头紧紧地搭在一起。快看，有的小朋友搭了一座美丽的、弯弯的小桥；有的小朋友搭了一座漂亮的小房子，仔细一看，小房子里面还有一道小门呢，可真好看呀；还有的小朋友搭了一个平坦的小路，小路上还跑着可爱的小汽车……这是幼儿园最常见的建构场景了。可是每当看到孩子们这些热闹的搭建场景时，我就想起了另外一个地方，另外一幕的搭建场景更让我动容。

### 案例 7-3-1　可爱的秸秆小车

时间：2019.09.20

观察幼儿：男孩和女孩

观察地点：青县职业技术教育中心幼儿园活动室

观察者：顾老师

一走进幼儿园，我就看到小路两边都是汽车轮胎组成的花坛，右边还有一片高高矮矮的小树墩组成的平衡木，墙边挂满了各种农作物标本，小径旁边还种满了各种蔬菜……

走进教室，就看见孩子们在各自的区域里忙碌着，有的在画画、有的在表演。我很快将目光聚焦在两个男孩身上，只见他们的桌子上摆了一大盘秸秆，有剥好的秸秆皮和秸秆瓤，其中男孩小明在用嘴巴剥秸秆，一根根细细的秸秆皮很快就剥好了，另一个男孩小志在把秸秆瓤掰成一小段一小段。

小明说："咱们今天做一辆大车一辆小车吧，让大车拉着小车跑！"

"好啊，我来做大车，我做的快！"小志回答。两个小男孩有说有笑，一边说，一边做。

他们用剪刀把秸秆皮剪成不同长度的小段，用秸秆皮不断连接着秸秆瓢，一段长长的秸秆皮将一段秸秆瓢连在一起，很快一个车轱辘就做好了……不一会儿，一辆小车就在孩子手里诞生了。小明又用一段长长的秸秆皮把两辆秸秆小车连接在一起。

"好了，咱们开车吧！"

"你先开，我再做个眼镜！"……

这时我在旁边发现两个用红薯秧做"项链"的小女孩，你看她们小手一扯一拉，红薯秧很快就变成了孩子们的项链和耳环。

我在材料架上看到了各种各样丰富的材料，有冰棍儿棍、苞米皮、小木棍、高粱杆、小纸盒等，架子上还有很多孩子们已完成的拼插作品，小眼镜、小手枪、小手串、小辫子、机器人……

（案例作者：顾联胜　沧州市第一幼儿园）

案例中的孩子们没有什么高大上的建构材料，他们手里都是常见的农作物材料，而这些丰富的农作物材料，既具有本土特色，又贴近孩子们的生活。孩子们用这些材料进行拼插游戏的样子，真的是非常打动人心，让人不禁惊叹他们的"手艺"！说实话，当孩子剥秸秆的时候我是十分担心的，担心孩子弄伤自己，但事实告诉我，孩子的动作娴熟，完成得非常好！他们自信、快乐、兴趣盎然地进行着自己的建构，享受着成功的快乐。不同的材料，同样的开心！

反思现在很多的幼儿园，教师在材料投放的时候往往流于形式，建构材料多是积木、积塑等现成的材料，固定的多，变化的少。另外，在建构活动中孩子多是"依样画葫芦"，我们不能给孩子提供更多更好的建构材料和设计思路，不能充分调动他们的建构积极性。

由于孩子的玩法不同，他们对结构材料的感知能力不同，故而对结构材料的需求也不同。教师可以根据孩子的需要投放多样性的结构材料，增加相关的辅助材料，以满足孩子的各种需求。丰富的材料就像不会说话的教师，它会为孩子和知识之间搭起桥梁，是孩子获取知识、发展能力的重要载体，只有与孩子的年龄特点、已有经验、能力水平和需要相适应的材料，才能激起孩子学习的主动性。孩子才能在不断操作材料的过程中，获取信息、积累经验、丰富情感，从而获得发展。

## 二、不同的环境，不一样的搭建

在孩子们的建构活动中，我们不仅要给孩子提供丰富的操作材料，还应该特别关注孩子的建构环境，建构环境的变化会不同程度地影响孩子对材料的认识、建构过程以及搭建结果。

案例 7-3-2　搬到地面上的积木

时间：2018.06.04

观察幼儿：中班幼儿

观察地点：张家口市崇礼区第二幼儿园活动室

观察者：顾老师

图 7-6　在桌子上面搭积木

图 7-7　地面上搭积木更有趣

孩子们正在进行区域活动。几个孩子正在用一篮积木进行桌面建构，张园长站在旁边仔细观察，还不时跟老师交流，带班老师说："孩子们正在进行垒高的工作。"张园长悄悄跟孩子商量着什么。一会儿，她们一起把桌子、椅子搬开了，把积木从桌面转移到了地面，并在老师的帮助下增加了积木和纸杯等辅助材料。张园长先让孩子们把混杂在一起的各种形状的积木进行分类整理，并

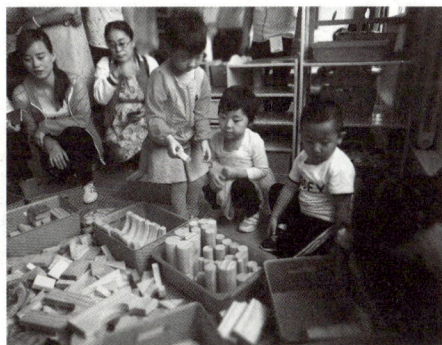

图 7-8　把积木分类放到筐里

把它们放在不同的筐里，然后张园长和孩子们一起搭建起来，孩子们慢慢地都开始主动参与进来，有的帮着拿积木，有的开始加宽加高，有的加长，有的摆纸杯。一个男孩问："这里用三角形行吗？"另一个孩子说："用拱形，拱形更好看。"

（案例作者：顾联胜　沧州市第一幼儿园）

案例中张园长跟孩子们把积木从桌面转移到地面，首先，空间的转移使孩子有了更大的操作空间，更加适合孩子们进行围合垒高的搭建；而且在地面上搭建，声音小，易操作，不影响其他区域；而操作材料的分类摆放不仅能让孩子更好地认知操作材料，更有利于孩子想象力、创造力的发展。另外，孩子们在对材料的整理过程中不断跟材料互动，对其有了更加清晰的认识，在这个过程中不知不觉地加深了对材质、形状的认识并习得了归类、整理等经验技能，同时也学会了互动合作，这也是建构游戏的价值所在。

给孩子提供适当的材料，创造合适的环境，细心观察孩子的行为并适时加以指导是每一个幼儿教师必须学会的。反思自己的教育过程，真心觉得每一位教师都要有一双发现的眼睛，我们要关注孩子的寻常时刻，发现孩子在寻常时刻表现出来的不同，抓住机会，给孩子最好的支持和帮助，更好地促进孩子的成长和发展！

### 三、和孩子一起，建构精彩童年

在有趣的建构游戏中，孩子们在与材料的一次次互动中，了解各种建构材料的性质，学习空间关系的知识，理解整体与部分的概念，增强对数量和图形的认识，促进了感知觉、思维的发展，发展了想象力、动手能力、创造力并且体验到与同伴共同搭建的快乐感、成功感。

在有趣的建构游戏中，孩子具有更高的主导地位，他们完全可以按着自己的意愿和生活经验搭建，看似不需要教师太多的指导和介入，但是要想开展高质量的建构游戏，教师的全面支持和有效指导依然起着至关重要的作用。

#### （一）全面支持，促进建构游戏持续发展

教师首先是一个支持者。优质的环境创设、丰富的材料投放、充足的游戏时间是建构游戏持续深入发展的重要保障，而这一切都源于教师的支持。教师要为孩子创设足够大的空间供其建构；根据孩子的年龄特点、发展水平和生活经验提供丰富的、多层次的建构材料，充分发挥家长资源和本土特色，提供多种辅助材料，并根据孩子的兴趣需要或主题活动持续不断地更换或丰富游戏材料，这样才可以满足孩子持续上升的搭建热情和游戏水平，支撑孩子的建构游戏不断向纵深发展；建构游戏中，孩子会需要较长的时间，才能完成一项巨大的"工程"，因此教师要给予孩子充足的时间保证，如果确实不能一次完成，可以允许孩子保留其未完成的作品，等待下次继续完成。

#### （二）有效指导，提升建构游戏水平

教师指导的最终目的是提升孩子的建构游戏水平。如何指导才能有效？首先，

应引导孩子建构前讨论协商搭建的主题，并画出初步的设计图纸，让孩子有计划地进行搭建；搭建过程中如果遇到问题，可以鼓励他们反复尝试，多次修改，不断完善，在发现问题、解决问题的过程中，孩子能积累建构经验，提升游戏水平。其次，教师要有效介入，推动孩子的建构游戏向纵深发展。把握好介入时机，观察到孩子遇到问题无法自主解决或始终停滞不前时，教师可以以游戏者、合作者或材料提供者的身份介入，启发思路，提供技术支持和材料支持，引导孩子解决问题，继续深入地进行搭建游戏。最后，游戏结束后，教师要给予孩子分享、交流、讨论游戏经验的机会，从搭建到表达均须思维的高度参与，这不仅能发展孩子的语言表达能力、思维的概括性和逻辑性，还可以提高孩子梳理经验、解决共性问题的能力，实现同伴间经验的建构与整合，整体提升建构游戏水平。

作为教师，我们既要给孩子提供充分的时间、空间、材料等优质的游戏环境，鼓励孩子自由、自主、积极、主动地进行搭建游戏，又要合理介入、有效指导，推动孩子的建构游戏不断向纵深发展，提升孩子的建构游戏水平。

## 第四节　今天我是值日生

《纲要》中指出"幼儿园应为幼儿提供健康、丰富的生活和活动环境，满足他们多方面发展的需要，使他们在快乐的童年生活中获得有益于身心发展的经验。"幼儿园值日生工作就是这样的活动之一。

幼儿园的值日生工作是幼儿在园为集体服务的一种活动，是劳动教育的一个重要组成部分。首先，可以培养幼儿良好的劳动态度、劳动习惯和为集体、为他人服务的意识；其次，培养幼儿的责任感和做事有始有终的好习惯；再次，可以使幼儿掌握一些简单的劳动知识和技能，培养幼儿的动手能力和锻炼其独立自主的能力；最后，幼儿们为集体、为他人服务也是表现他们能力的好时机，能锻炼他们的团结协作能力。

作为幼儿教师，我们都知道幼儿园值日生工作对于幼儿成长的重要意义。那么，在日常工作中，我们是如何开展值日生工作的？我们在开展值日生工作的时候有没有出现什么问题？我们有哪些困惑呢？

### 一、教师也要守规则

"太阳出来眯眯笑，值日生呀来的早，先把桌子擦干净，再把椅子摆摆好，玩具图书放整齐，再给花儿把水浇，小朋友们眯眯笑。"

这是一首幼儿园的幼儿们非常喜欢的儿歌，因为他们对值日生这项工作非常感兴趣，并且把能够成为值日生当作一件非常骄傲的事情。

### 案例 7-4-1　今天我是值日生

时间：2020.06.17

观察幼儿：佳迪

观察地点：活动室

观察者：顾老师

早晨老师做好准备等待孩子来园，不一会儿，小轩、子明、佳丽等小朋友就来了。他们一进教室，就大声跟老师打招呼："老师，今天我们都是值日生，我们来的早吧！"话语间充满了期待、骄傲和自豪。老师一边表扬孩子们，一边请孩子们选择值日生工作的胸牌，指导孩子们有序地开始各自的值日生工作。有的去给花浇水、有的去整理图书、还有的去整理餐具……孩子们陆续来园，自主进入各个活动区里工作。

这时一位妈妈送孩子来园，走到老师面前："顾老师，佳迪今天早晨起来就不开心，不愿来幼儿园，您帮我问问怎么回事？"老师把佳迪揽到怀里，悄悄问："佳迪今天为什么不开心啊？老师跟佳迪是好朋友，你能悄悄告诉我吗？"佳迪抬眼看了一眼妈妈，闭着小嘴不说话。老师对佳迪妈妈说："您先去上班吧，您放心，佳迪跟我是好朋友，我跟佳迪待会儿！"

看到妈妈离开，老师再次把佳迪揽入怀里："佳迪有秘密不想让妈妈知道，现在你能告诉我吗？"

"今天我是值日生，可是昨天我玩球的时候打人了，彭老师说今天不让我做值日生！"佳迪低着头嘟囔着。

老师笑着问佳迪："你是怕妈妈知道你打人这件事，但你还想做值日生对不对？"

"顾老师，我以后再也不打人了，真的，我保证！"佳迪晃着老师的手，"老师，今天我是值日生，我要做值日生！"佳迪眼里闪着光，充满期待地看着顾老师。

"好，佳迪已经知道打人不对，并且愿意改正，老师相信你。老师也相信你今天会做一个特别优秀的值日生，不仅能帮助别人，还能管好自己！"

佳迪听到老师的话，深吸一口气，紧皱的眉头瞬间松开了，脸上还露出了微笑，转身冲到值日生工作牌前，佩戴上"区域玩具管理员"的胸牌，高兴地开始工作。

这一整天，佳迪做值日工作都很认真，每次小朋友区域活动结束后他都能仔细地提醒伙伴整理玩具，并将他们没整理好的地方重新整理一遍。一天结束，佳迪被评为"优秀值日生"。

放学时，妈妈来接佳迪，佳迪冲过去大声对妈妈说："妈妈，今天我是值日生，我是优秀值日生！"

（案例作者：顾联胜　沧州市第一幼儿园）

看了上面的案例不知道你会有什么想法，你是否会觉得里面的某些情节似曾相识。为了保证幼儿都能享有当值日生的机会，我们一般都会实行轮流值日的制度。但是，在引导幼儿开展值日生活动的过程中，我们往往会出现这样那样的偏差。教师有时会把安排幼儿当值日生作为一种奖惩手段，谁听话、表现好就来当值日生，而调皮捣蛋的幼儿就会被取消值日生的资格。因此，幼儿在这个过程中会产生对教师的质疑、对规则的质疑。可见教师在值日生活动开展中必须持有公平的态度，正确对待幼儿对值日生工作的渴望，满足他们想要承担责任的需要。教师必须"就事论事"，不能因为幼儿的错误就取消其想要成为"值日生"的愿望。我们制定规则，更要遵守规则。

值日生活动，使幼儿们获得了成就感，并体验到被重视的乐趣，让他们感觉自己不再是小孩子，而是能帮班级做很多事情的"大人"了，从中他们找到了自信，感受到自己存在的价值，这对他们今后良好性格的形成奠定了基础。因此，在实施的过程中，教师要用科学的观念来看待，真正认识值日生工作的意义，以及在整个幼儿园教育中的作用，帮助幼儿正确理解值日生的意义、职责，不断提高值日生的工作质量。在这个过程中，教师也要守规则！

### 二、孩子的坚持刚刚好

幼儿园值日生活动渗透了责任感教育，能增强幼儿乐于为他人服务的意识，给予幼儿锻炼动手能力、展示自我的机会，他们会在长期坚持的过程中不断内化，逐渐变得有责任心。幼儿把这种情感不断转化成为集体、为他人服务的实际行动，并懂得劳动的意义，这对幼儿养成良好的劳动习惯、具有集体责任感有不可低估的作用，能促进幼儿健康、快乐、自信地成长。

### 案例 7-4-2　谢谢，今天我是值日生

观察时间：2019.09.20

观察幼儿：小女孩

观察地点：保定市青年路幼儿园大一班美工区

观察者：顾老师

孩子们正在进行区域活动。在美工区，三个孩子在用超轻黏土制作小人，他们非常投入，他们不断地选择自己喜欢的黏土来装扮自己的小人，时不时地三个孩子还会悄悄地交流一下，虽然听不清他们在说什么，但是看表情他们是愉悦的。做好了，三个孩子把自己的作品放到窗户边的展示台上，收工的音乐响起来，三个孩子迅速把桌面上的超轻黏土团起来，放到盒子里，盖都没盖好就跑了。

图7-9　今天我是值日生

老师招呼孩子们去洗手。这时，一个小姑娘轻轻地走过来，一个一个仔细地把每一个超轻黏土的盖子盖好，又转身拿来垃圾桶，把桌面上的脏东西慢慢地收到垃圾桶里。旁边一位跟岗的老师看到别的小朋友都已经洗好手，回到了自己的座位上，于是跟这个小姑娘说："孩子，你快去洗手吧，我来帮你收拾！"小女孩腼腆地笑了笑说："谢谢，今天我是值日生！"

然后她继续把大的黏土碎屑收到垃圾桶，之后又用小手把小小的黏土碎屑一点点地粘起来，放到另外一只手的手心里，一块放进垃圾桶。不一会儿，这个小女孩又转身拿来一块小抹布，把小桌子擦得干干净净，看着干净的桌面，她露出了满意的笑容。

（案例作者：顾联胜　沧州市第一幼儿园）

这样一件看似平常的小事，真实反映了幼儿对于自己作为一名"值日生"的态度。首先，这个案例中的小女孩在整个过程中表现出认真、耐心、专注、有序等良好的学习品质；其次，在同伴已经开始做下一步工作以及教师提出帮忙的建议之下，她对自己的"工作"不放弃，坚持完成整理的工作，这种良好的品质会让她受益终生；最后，当她面对整理好的桌面灿烂的一笑，我看到了她完成任务的骄傲和自豪。她在这个过程中不仅体验到了值日的乐趣，而且体会到了成就感并充分感受到了自信以及自己存在的价值，相信这对她今后良好个性的形成有非常重要的作用！

### 三、有效关注，科学实施值日生工作

在实施值日生工作的过程中，教师要用科学的观念真正认识值日生工作的意义和在整个幼儿园教育中的作用，为每个幼儿创造机会，帮助幼儿正确理解当值日生

的意义、职责，不断提高值日生的工作质量。

### （一）明确值日生工作的任务和要求

教师可结合幼儿的年龄特点、已有经验、能力水平、体质强弱、劳动性质，以及本园的一日生活内容，与幼儿一起制订值日生计划、任务以及内容等。

### （二）合理安排值日生的值日时间和值日内容

在开展"值日生"工作中，既要面向全体，又要注意个体差异，给每个幼儿创造发展的机会。幼儿的发展快慢不同，能力水平不同，教师应根据每个幼儿的不同发展水平以及值日工作的难易程度，合理安排值日时间，轮流安排值日内容，给幼儿提供均等的机会，促进每个幼儿在原有水平上有所提升。

### （三）加强对值日生的指导

在幼儿从事值日生工作的过程中，教师要做有心人，善于观察和发现问题，引导幼儿保持踏实认真的态度，培养幼儿克服困难的毅力。首先，应该帮助幼儿了解、掌握值日生工作的要求和方法，使幼儿知道如何做好值日工作；其次，还要加强对个别值日生的指导，针对不同值日生的工作态度、工作能力加以帮助，可以请能力强的幼儿带着能力弱的幼儿一起做，这样既提高了幼儿的自信心，又培养了幼儿的协作精神。

### （四）对值日生工作及时给予评价、鼓励

值日生工作比较零散琐碎，所以，教师要对出现的好行为、问题和不足及时给予评价。及时恰当地肯定、表扬和鼓励幼儿好的行为，对他们出现的问题和不足及时提供帮助、支持和引导，激发幼儿做值日生工作的主动性，促进幼儿更好地完成值日生工作，提升幼儿值日生工作的质量。

作为幼儿教师，我们要重视幼儿园值日生活动，深入了解值日生活动的教育意义，完善值日生活动的实施方案，加强家园合作，以促进幼儿在值日生活动中不断地成长。

## 第五节　公共汽车晚点了

在幼儿园与孩子们朝夕相伴，我们每天都能跟他们共享游戏的快乐。孩子们每天变着花样玩，"骑马""打仗""爬山""过河"……这些都是男孩子爱玩的游戏，这时教师就成了他们的"队长"，带着他们冲锋陷阵；"你来当爸爸呀我来当妈妈，咱们一起玩呀，来玩过家家，淘米洗菜炒菜放盐，饭菜烧好了呀，味道好极了呀，

娃娃肚子饿啊，我们来喂她。"在"娃娃家"里，有时教师会变成客人，享受孩子们给的一杯"香茶"；有时，教师又会变成"出租车司机"，因为要送"爸爸""妈妈"，他们要带"宝宝"去医院看病……

作为幼儿教师，我经常参与孩子们的游戏，感受着孩子们的幸福。不知道身为幼儿教师的你，是不是跟我有一样的体验和感受？你是不是也是孩子们忠实的玩伴？你是不是也会在孩子们的游戏中体验不一样的童年，不一样的快乐？

## 一、真游戏，假游戏

《纲要》指出，"幼儿园教育应尊重幼儿的人格和权利，尊重幼儿身心发展的规律和学习特点，以游戏为基本活动，保教并重，关注个别差异，促进每个幼儿富有个性的发展。"因此，在幼儿园，我们经常会组织或者带领孩子们玩游戏。但是，是不是所有的游戏都是孩子们喜欢的？我们开展的所有游戏是不是都是真游戏呢？

### 案例 7-5-1　老师，我想要玩真游戏

时间：2019.10.19

观察幼儿：畅畅

观察地点：活动室

观察者：顾老师

中四班的白老师给小朋友们分享绘本故事《小金鱼逃走了》。她通过图片、PPT 等多媒体资料，一步步引导幼儿观察、猜想小金鱼出逃的有趣经历，引导幼儿观察、对比、发现小金鱼的藏身位置，并用语言进行准确的表述。

当孩子们观察到小金鱼躲到装有小草莓的盘子里时，白老师为孩子们准备了草莓叶片，让孩子们变成小草莓，玩一动不动的游戏。大部分孩子都非常配合老师，头顶草莓叶片，躲到老师身边一动也不动，只有一个男孩始终坐在自己的座位上一动不动。配班老师示意这个小男孩离开座位，可是，孩子嘟囔着："这个游戏一点也不好玩！"白老师也轻轻地揽过孩子："畅畅，白老师跟你一起来演小鱼，做游戏。"只见孩子不情愿地从座位上站起来，大声地对白老师说："老师，我不喜欢这个游戏，我想玩真的游戏！"

（案例作者：顾联胜　沧州市第一幼儿园）

这样的场景相信你也遇到过，面对这样的孩子，作为教师的你也会感到微微的尴尬。其实，对于孩子来说，他只是说出了他自己的想法和感受而已。案例中的这

个孩子，就好像《皇帝的新装》中的小男孩一样，他的话在有些教师听来有些刺耳，但是却一语中的。思考一下教师组织的游戏中，有多少游戏是真正基于孩子的需要的？有多少游戏是因为孩子的喜爱而展开的？教师为什么要为了游戏而游戏？

"幼儿是游戏的主人"，这句话虽然天天挂在我们幼儿教师的嘴边，但是，很多时候我们组织的"游戏"更像是表演，在这个过程中，我们往往会更加重视游戏"寓教于乐"的功能，而忽略孩子的想法和感受，让孩子尽力配合教师的要求、按照教师的想法进行游戏，孩子也会努力完成教师布置的任务，做一个"乖孩子"。其实，这已经不是真正意义的孩子的游戏了，教师这种有组织的游戏，通常称为手段性游戏或教学游戏。而这种游戏，在孩子们心中，通常会被认为是"假游戏"。

那么，什么是真游戏呢？

刘焱教授在《幼儿园游戏教学论》指出，"游戏是发生于一定的情景之中，外部有可观察的行为表现，内部有特定的心理体验的幼儿主动自愿、自主自由的活动。"首先，孩子可以自由选择或自愿参加活动；其次，游戏是孩子喜爱的、主动的活动，是孩子反映现实生活的活动。

在真游戏中，孩子是游戏的主体，游戏活动是孩子自发自愿的活动。在这个过程中，游戏是自由的、有规则的活动。让孩子在游戏时能重视游戏过程，而非游戏结果，并且在游戏过程中能感受到快乐、愉悦，这样的游戏才能使孩子在游戏过程中实现真正的成长。"自发的自由游戏"和"自然游戏"才是孩子们眼中的真游戏！

作为幼儿教师，愿我们都能以"儿童视角"来理解、观察、支持孩子的游戏活动，让孩子"放开手脚，真正游戏"！

## 二、假装游戏不是"假游戏"

在幼儿园，你会发现一个特别有趣的现象，所有孩子都爱玩角色扮演游戏。他们一会儿扮成警察玩"警察抓小偷"，一会儿扮成消防员"开着消防车喷水救火"……他们每天都在扮演着不同的角色，上演着不同的情节，而且有些情节，他们喜欢不断重复，并且乐此不疲。

### 案例 7-5-2 公共汽车晚点了

时间：2020.05.13

观察幼儿：晓晴

观察地点：操场

观察者：张老师

户外活动的时间，中一班的孩子们在"树屋滑梯"上玩。有的孩子不断地跑上滑下，有的孩子三三两两地躲在树屋里藏猫猫，还有的孩子在"树屋滑梯"下面钻来钻去。顾老师和刘老师站在滑梯旁边，时刻观察着孩子们，不时提醒爬上爬下的孩子注意安全。

图 7-10　树屋上的孩子们

图 7-11　我们一起去坐公共汽车

图 7-12　快点，公共汽车晚点了

图 7-13　我们上车啦

"顾老师，你跟我们一块坐公共汽车去公园吧！"晓晴跑过来拉着顾老师的手说。"哪有公共汽车？"顾老师笑着问。"公共汽车晚点了，它一会儿就来！"晓晴说完笑着跑了。只见她绕着滑梯跑了一圈，又拉着另外一个小朋友说："走，我带你去坐公共汽车！""好啊！"两个女孩子手拉着手，飞快地跑起来。等到晓晴再次跑过来的时候，顾老师大声地喊她："晓晴，你带我去坐公共汽车吧，我也要去公园玩！"晓晴跑过来，眼睛里好像有两颗星星在闪啊闪，她使劲拉着老师的手："顾老师，快一点，我们跑起来！"顾老师跟着晓晴跑，一边跑一边听晓晴大声说："快点啊，公共汽车晚点了，我们跑快点就能上去了！"然后，又是一阵银铃般的笑声……

（案例作者：顾联胜　沧州市第一幼儿园）

滑梯上的孩子被吸引下来，纷纷跑过来加入游戏。一大队孩子在顾老师和晓晴的带领下，在滑梯周围跑啊跑，一边跑一边喊："公共汽车晚点啦，咱们快点跑啊！"然后，大家一起哈哈大笑。

孩子们一遍遍地重复着这个赶车的游戏，不一会，新的角色诞生了，路上有了警察，不断指挥大家看红绿灯，刘老师还扮演起了公共汽车驾驶员，她不断跟大家说："抱歉啊，路上堵车，所以晚点了！大家快上车吧！"晓晴得意地拉着大家的手："咱们都从前门上车，后门下车！"他们一起假装上车，在刘老师的带领下出发了……

滑梯上的孩子在玩真游戏，滑梯下的晓晴也不是在玩假游戏，晓晴玩的是"假装游戏"。假装要去公园玩，假装要坐公共汽车去公园玩，假装赶不上公共汽车了，假装公共汽车晚点了……看似不存在的情景一一出现在孩子们的游戏里，既有孩子们生活的影子，又有孩子们的想象。其实，这种假装的游戏不是假游戏，而是"象征性游戏"，也叫"假装游戏"，是孩子借助替代物（自己的动作、语言、身体或其他物品）再现不在眼前的事物或情景（包括孩子自己过去亲身经历过的、或没有经历过但期望发生的事物与情景）的活动，是 2 岁以后出现的游戏类型，在三四岁达到顶峰，是该阶段孩子游戏的典型形式。

假装游戏是孩子想象力发展的重要标志，想象力主要体现在他们的假想游戏中，假装游戏越复杂说明他们的想象力越丰富。假装的根本特征是"替代性"或者"假定性"，假装游戏能促进孩子认知能力、个性、社会性和情绪的发展，同时能提高孩子的语言能力。孩子之所以喜欢假装游戏，是因为它是孩子在一定年龄段中社会化发展过程中的本能。孩子在自己营造的假装世界中，可以自由地学习和创造。

假装游戏是孩子重要的游戏形式之一，适当的假想游戏能够给孩子的发展提供帮助。作为幼儿教师，我们要明白他们假装行为背后的心理原因，了解他们、理解他们、支持他们！

### 三、走进游戏，发现孩子

游戏是孩子的本能，是孩子生活的重要内容。在孩子的日常生活中，游戏的时间最长，出现的频率最高。没有了游戏，孩子就失去了快乐的天性。一方面，孩子的大部分时间是在游戏；另一方面，即便是学习、劳动、生活等活动，孩子也是以游戏的形式来进行的。所以，游戏是幼儿园阶段孩子最基本的活动。

游戏跟孩子身心发展水平有关，此时他们的身心发展还未成熟，没有生活经验，很多时候都在游戏中模仿周围发生的事。在他们的游戏里，他们的操作与行动永远是实际的、社会性的，他们就是在游戏的操作与行动里模仿和探索人类的现实生活；他们总是选择与自己的需要、能力相适应的内容、材料、同伴和活动方式来进行游戏，排斥过高或过低于自己能力水平的活动。所以，游戏是他们最适宜的活动。

孩子在游戏中体验快乐，学会交往，发展个性、情感和社会性。孩子自发自主的活动是本体意义上的游戏，是他们最喜欢的活动。经常参加这类游戏活动，有助于他们的心理健康和个性的和谐发展。所以，幼儿园必须给予他们充分的机会和时间开展此类游戏。

游戏是孩子了解自己生活的世界的主要途径，是教师了解他们的窗口。孩子具有巨大的发展潜能，在适当的环境和教育条件下，应最大限度地发展他们的潜能，而游戏就是最好的方式。作为教师，我们应了解他们游戏的兴趣和对不同种类游戏的需求，根据他们的需要开展游戏活动，开展以孩子为主体、教师为主导的双边互动活动，主动参与并观察孩子的游戏，在游戏中发现真实的孩子，适时为孩子提供个性化支持，让孩子的行为从"纯游戏"到"非游戏"中获得全面发展。

# 第八章
## 拥抱大自然

到广阔的天地中去，聆听大自然的教诲。

——布莱恩特

大自然中四季的更替、气候的变化蕴含着无数秘密。面对外面的世界，孩子们总是用充满好奇的眼睛获取大自然的讯息。大自然是孩子们最广阔的教室，走进自然，他们就犹如走进了一座未知的宝库，到处都是可以自由探索的空间。作为幼儿教师，我们要用一颗开放的心，带领孩子去观察、去亲历、去感受，弥补钢筋水泥下自然教育的缺失；而我们在大自然中对他们的观察，有助于我们看到真实的他们。

## 第一节　蚂蚁会迷路吗

陈鹤琴先生提出"大自然、大社会都是活教材"这一主张，改变了人们对教育的错误观念，强调让孩子直接去接触各种"活"的知识，鼓励孩子培养积极的研究精神。"读活书、活读书、读书活。"活教育的教学也并不注重过去班级教学的课程，而着重于室外的活动，到室外去，着重于生活的体验，以实物作研究对象，以书籍作辅助参考。

### 一、"童言趣语"背后自然教育的缺失

生活在钢筋水泥城市中的孩子对大自然的认知主要来自书本和小区、公园的绿化，孩子们对植物和农作物知之甚少。

时间：2020.04.27

观察幼儿：彤彤（中班）

观察地点：长途汽车上

观察者：彤彤妈妈

4 岁的彤彤和妈妈坐长途汽车回老家。路上，彤彤很兴奋。汽车的颠簸和车窗外的树林、鸟窝都引起了她的好奇。"妈妈，这汽车太好玩了，比咱们坐的'飞流探险'还好玩！"

"妈妈，你看地里有好多小葱啊！"彤彤指着大片的麦苗说。听到她这么说，车上的人都笑了，纷纷议论起来，"一看就是城里来的小姑娘，什么都不认识！""看起来这孩子就认识小葱，估计连韭菜也不认识。""孩子，这不是小葱，这是麦苗！""孩子妈妈，你以后可得多带孩子回农村看看，要不孩子将来啥都不认识，没准还以为花生是树上长的呢！"

（案例作者：顾联胜 沧州市第一幼儿园）

不知道这样的事你是否也经历过。你身边的孩子对农作物、蔬菜、水果的了解有多少？你是否为此做过什么，改变过什么？

在城市中长大的孩子，由于远离大自然，往往对大自然中的事物一无所知。我们成人都不一定弄得清哪些水果长在树上，哪些水果长在地上，更不必说孩子了。

"春有百花秋有月，夏有凉风冬有雪。"大自然是孩子们最广阔的教室，孩子们总是用充满好奇的眼睛观察自然界的万物，调动各种感官感受大自然的无限乐趣。

我们应该带孩子走进自然、走进田间，让他们感受自然的泥土气味和花果的芬芳，认识庄稼，了解作物的生长。我们还可以创造条件与孩子一起播下种子，一起收获果实。例如，在园所的班级外或者院落里开辟种植角，种植一些萝卜、花生、土豆、豆角、玉米等蔬菜或农作物，让孩子观察植物的生长，参与力所能及的劳动，用一颗开放的心，去观察、亲历、感受劳动的艰辛，享受收获的喜悦，弥补钢筋水泥下自然教育的缺失。

## 二、孩子眼里的"十万个为什么"

孩子天生就有一颗好奇的心，无论是一朵花、一棵树，还是一座山、一条河，都蕴含着无数的秘密。走进自然，就犹如走进了一座未知的宝库，到处都是孩子自由探索的空间。为什么花是红的？为什么叶是绿的？冬天为什么会下雪？夏天为什么会打雷？……孩子们总是缠着成人问"为什么"。正如《指南》中提到的，"要充分尊重和保护幼儿的好奇心和学习兴趣，帮助幼儿逐步养成积极主动、认真专注、不怕困难、敢于探究和尝试、乐于想象和创造等良好学习品质。"我们幼儿教师要保护和发展孩子们的好奇心。

## 案例 8-1-2　老师，蚂蚁会迷路吗？

时间：2020.09.27

观察幼儿：子辰、喆喆

观察地点：户外院子

观察者：张老师

一次户外活动，我带着孩子们在幼儿园的院子里玩滑梯。大多数孩子都在滑梯周围上下奔跑、滑动，只有子辰跟喆喆蹲在滑梯旁的树下讨论着什么。

图 8-1　阻挡蚂蚁前进的路

图 8-2　看一看蚂蚁会迷路吗

我走过去，看到地上有许多蚂蚁在不断地爬来爬去，子辰和喆喆一人手里拿着一个小树枝，不断地阻止着蚂蚁前进，一边做还一边说"你看，我阻挡了蚂蚁前进的路，它找不到方向了"。

果真，当蚂蚁碰到子辰设置的树枝障碍后，即刻发生了短时间的混乱，好像找不到方向了一样，左探探、右闯闯的，好像有点惊慌失措。

喆喆也用小树枝不断地阻止蚂蚁前进，地上的蚂蚁顿时乱成一锅粥，它们在原地慌慌张张地转来转去。"哎呀，蚂蚁迷路了！"子辰大声地叫道。

"老师，你说蚂蚁会迷路吗？"

面对孩子的问题，我告诉孩子："老师也不知道蚂蚁会不会迷路，但是我们可以一起观察一下蚂蚁会不会找到原来前进的路。"

子辰和喆喆安静下来，他们不再用树枝阻挡蚂蚁，我们发现，经过一阵的慌乱后，蚂蚁好像又辨别到了方向，又能按原来的路前进了。

"老师，你看，蚂蚁不会迷路的，它又继续前进了！"子辰和喆喆兴奋地喊起来！他们兴奋的喊声又吸引来好几个小朋友。

"好奇怪啊，为什么蚂蚁不会迷路呢，它们有什么特殊的本事吗？"我适时提出了问题。

"你看，蚂蚁这不是有眼睛吗！它一定跟我们一样用眼睛看路吧！""不对，我爸爸说蚂蚁用的是触角。"孩子们七嘴八舌地吵了起来。

到底蚂蚁为什么不会迷路呢？

这就成了我们接下来要探讨的新课题。

孩子们也对"蚂蚁为什么不会迷路"产生了极大的兴趣，接下来我带领孩子们查资料、做实验、找答案。原来蚂蚁虽然有复眼，但并非是用眼睛来认路的。蚂蚁还有触角，它是用来辨别气味的嗅觉器官。蚂蚁的触角非常敏锐，蚂蚁不但能通过触角触碰陆地上的物体来认路，而且还能依靠触角闻出气味，在返回时只要追寻着这种气味，就不会走错路。也有的蚂蚁虽然不会在爬过的路上留下什么特殊的气味，但是它们能靠触角闻出道路上的天然气味，记住并按原路返回。另外，太阳的位置和日光，都能被蚂蚁用来辨认回巢的方向，所以蚂蚁始终不会迷路。由于蚂蚁具有上述认路的本领，即使天空浓云密布，或是地面上的气味被破坏，只要还保留一些可以利用的线索，它们仍旧会找回蚁巢，只不过多走一些弯路而已。蚂蚁虽小可真聪明！

（案例作者：顾联胜　沧州市第一幼儿园）

面对好奇的孩子，满足他们探索的欲望是我们幼儿教师义不容辞的责任。面对孩子的"十万个为什么"，我们一定要支持和鼓励孩子的探究行为，认真对待他们的问题，支持他们自发的观察活动，鼓励他们在探索过程中积极地动手动脑寻找答案或者解决问题。这不仅是一个幼儿教师的基本素养，也是《指南》给家长和教师的教育建议。

让我们一起带领孩子走进自然，在大自然的怀抱中，让孩子对未知的东西保有好奇，让孩子在好奇中探究、在探究中发现、在发现中思考、在思考中成长吧！

### 三、和孩子一起到大自然中去

《指南》在"科学领域"的目标中指出："亲近自然，喜欢探究。"丰富的地理环境等对孩子的感官刺激与认知的发展皆是直接的启蒙良师。无论是一朵花、一棵树，还是一座山、一条河，都是孩子们学习知识的天然素材。无论是走进田间地头，感受农作物的生长；还是走进自然玩水玩沙，感受水的流动、沙土的趣味；或是野外郊游，让孩子呼吸到新鲜的、混合着泥土气息的空气，看到各种不知名的野花、植物和小动物；或爬山登顶，让孩子们克服困难，爬上山顶，听着自己的声音在大山回荡的满足和喜悦。这些都能让孩子在自然的环境里与大自然亲密接触，不仅会加深孩子对事物的认识，还会激发孩子的好奇心、想象力和对学习的兴趣。

《指南》在"科学领域"设置了"具有初步的探究能力"和"在探究中认识周围事物和现象"的目标。《指南》也建议幼儿教师"有意识地引导幼儿观察周围事物，学习观察的基本方法，培养观察与分类能力""支持幼儿自发的观察活动，对其发现表示赞赏""通过提问等方式引导幼儿思考并对事物进行比较观察和连续观察"等。

在培养孩子的观察能力时，要引导他们从整体到局部有顺序地进行观察。例如，观察柳树时，先让孩子对柳树的特征有一个较为完整的认识，然后让他们再分别观察柳树每一部分的特征，如树干、树叶、树枝是怎样的，还可以让孩子捡一些不同形状的树叶，带回家制作简单的树叶粘贴画和树叶书签。孩子有了运用多种感官的机会，视野开阔了，思维也会活跃起来。

## 第二节　这片叶子最漂亮

乌申斯基说过这样一句话："大自然是教育的最强有力的手段之一，不采取这种手段，即使是最细心的教育，也是枯燥无味的、片面的而不能引人入胜的。"大自然是孩子获取知识的丰富源泉，然而在幼儿园这个有着"束缚"的环境中，我们如何让孩子真正地接触大自然、了解大自然呢？我们是否抓住了机会，去大自然中释放孩子的天性，并且观察到了不同于平时的他们？

### 一、超乎想象的叶子

在幼儿园这个大集体里，虽然教师给了孩子们一定的自由空间，但很难捕捉到孩子最真实的一面，因为只要有教师在，孩子就难免有些拘束，如教师刚刚拿出相机想要记录下某些时刻，就会有孩子探出头，比个"耶"的姿势，令教师哭笑不得；孩子们在区域活动时，教师悄悄搬个小椅子坐在旁边，孩子们感受到了，就会很"规规矩矩"地活动。教师要擅于捕捉孩子们"真实"的时刻！

时间：2019.10.09

观察幼儿：甜甜

观察地点：户外

观察者：杨老师

秋天的到来使整个校园增添了许多色彩，黄色的叶子铺在地上，阳光洒下来，好像金子一般，孩子们踩在这叶子铺的路上，发出"咔嚓""咔嚓"的声音，每个人都享受着这段时光。突然，一声带有哭腔的大吼"都不许动！"打破了这份宁静，大家纷纷转过头去寻找声音的来源，小二班的杨老师听到熟悉的声音，也赶紧跑了出去，发现一个小女孩蹲在地上，把头埋到腿上，正"呜呜"地哭着，看起来委屈极了。

"是甜甜呀，怎么哭了呢？"杨老师赶紧抱起甜甜来，询问个究竟。甜甜什么也不说，只顾哭着。根据杨老师对甜甜的了解，心想一定是她早上起晚了，起床气还没过去就被妈妈送到幼儿园了。甜甜平时是一个很活泼开朗的孩子，爱说爱笑，从没和其他孩子发生过争执，遇事不争不抢，总是谦让他人。杨老师没哄一会，甜甜就好了。

可等到户外活动时间时，其他孩子都在自己选择的地方活动时，甜甜又哭了起来，并且冲到玩皮球的明明面前，打了明明。杨老师赶紧过去，拉住甜甜的手，安抚好明明后，打算仔细询问甜甜为什么打人？甜甜却一边抽泣一边说："这是生命呀，他踩在脚下了，早上他们都踩在脚下了，树叶多疼呀！"这时，杨老师恍然大悟，原来甜甜今天一天都不高兴，是因为早上来的时候，大家都踩着树叶走，并没有人觉得有什么不妥，但是，甜甜却把树叶看作同我们人一样是有生命的。

（案例作者：邢丹丹　雄县米家务镇米北庄幼儿园）

可见，孩子们对生命、对自然的敬畏之心超乎我们的想象。这个时期的孩子看任何事物都是富有生命的。

这也就不奇怪，甜甜看到大家都踩着树叶走而哭了起来。她认为踩到树叶，树叶会很疼。同时，通过这一案例，教师应该意识到观察不能只在班级上，或者教师设定好的场景中，教师应该每时每刻都带着一双发现的眼睛，透视孩子的心灵。

## 二、没有相同的两片叶子

大自然的教育是悄无声息的，在肆意奔跑的田野间，在川流不息的小河中，又或在风中、雨中、电闪雷鸣中……都能感受到自然向我们传递的信息，孩子对这些更是好奇，为什么打雷会下雨？为什么知了只在夏天叫？他们不满足于成人给他们的解释，更乐意去试一试，自己找答案！

## 案例 8-2-2　我就要一样的

时间：2019.11.06

观察幼儿：雨晨

观察地点：户外

观察者：邢老师

在树叶粘贴画活动开始前，孩子们在做准备，都在幼儿园的院子里捡树叶。这时，雨晨说："老师，我想要用树叶做一幅全家福，可是，我找不到一模一样的叶子。"兰兰老师问道："为什么要找相同的叶子呢？""因为，因为我的两个姐姐长得一样呀。"这时，几个小朋友站起来七嘴八舌地说"对，雨晨的姐姐是双胞胎""老师，我们都找不到相同的叶子""哪种树叶都没有一样的"。

兰兰老师问雨晨："你的两个姐姐长得一模一样吗？你能分出哪个是大姐姐，哪个是二姐姐吗？"雨晨回答道："我觉得她们两个的眼睛有一点不一样，我能分出哪个是大姐，哪个是二姐。"兰兰老师笑着说："是呀，即使你的两个姐姐是双胞胎，可还是有不一样的地方对吗？树叶也是这样呀，即使生长在同一棵树上，一样的吸收阳光和雨露，可还是没有一模一样的，为什么不换个角度，选出两个你认为能够代表你两个姐姐特征的叶子呢？"雨晨思考了两分钟，又蹲在地上选起了树叶，不一会就选好了，高高兴兴地跑到班里制作全家福去了。

（案例作者：邢丹丹　雄县米家务镇米北庄幼儿园）

世界上没有两片完全相同的叶子，大自然这所"天然的学校"，是孩子们学习、增长见识的小课堂，孩子们在与大自然的交互作用中，能够探索出自己对问题的答案，得到多方面的发展。我们要鼓励孩子在自然中学习、探索和发现，保护孩子的好奇心。我们要充分利用周围的自然环境，促进孩子们在大自然的怀抱中快乐地成长！

### 三、最漂亮的叶子

孩子是属于自然的，他们在大自然中嬉戏、玩耍，与大自然融为一体。打开这幅美丽的画卷，你会看到田野里孩子被大公鸡追地到处乱跑，小河边湿透了衣衫的孩子还在互打水仗，泥坑里的孩子已经看不清脸庞，还有被蜜蜂蛰了的孩子呜呜大哭，等等。这都将是孩子童年时光中最独特的回忆。

教育学家苏霍姆林斯基指出："大自然不仅在智育中起着巨大的作用，在丰富儿童精神生活方面也起着同样重要的作用。"然而，在高楼林立的今天，孩子们从婴儿时代就认识了手机、电脑、游戏机等科技产品，由于环境的封闭，对田野乡村乃至自然界中的万物知之甚少，因此对孩子进行"自然教育"有着不可替代的作用。

**（一）亲近自然，激发孩子热爱自然的情感**

大自然给予了孩子生动有趣的科学内容，如千姿百态的植物、种类繁多的动物、变化多端的天气，孩子能在探索和发现中学到更多的知识。可是，在现代城市生活中，大自然离我们越来越远，面对这样的情形，我们可以在家中养一些小动物，如小猫、小狗等，让孩子了解这些小动物的生活习性和特征，在饲养过程中培养孩子关爱他人的情感。孩子看着小动物在自己的照料下健康成长，会油然而生自豪感，并且与小动物建立起良好亲善的情感，对小动物的爱惜之情也日益渐增，这种情感还会迁移到孩子生活的其他方面，使他们成为情感丰富的人。

我们还可以在阳台开辟出一块小菜园，给孩子种上一些容易养活的植物，蔬菜水果也是不错的选择，孩子会通过每日的观察了解阳光、空气、水对植物生长的作用，看着植物从一颗种子慢慢地生根发芽，长出叶子，开花，结出果实，来逐步培养孩子热爱生存环境的自然观。

**（二）亲近自然，聆听自然的声音**

大自然有很多美妙的声音，如风声、雨声、小动物的叫声。家长们不妨利用好可以与大自然亲密接触的机会，带着孩子走出去，在雨天，给孩子备好小雨鞋、小雨伞，出去蹚蹚水，踩踩水花，听一听雨水打在雨伞上、树叶上、屋顶上的声音，陪孩子在雨中尽情玩耍一番。

春天的风，轻柔地吹着。这时候，带着孩子出去散散步，听一听风吹着叶子沙沙响的声音，感受着微风吹过脸颊的温柔，孩子一定开心极了。

家长们还可以利用节假日的时间，带着孩子回到农村，感受大自然，带着孩子在田野间认识五谷杂粮、在农民伯伯家里喂喂牛羊，让孩子真正感受到被大自然呵护的乐趣。

孩子在大自然中，不仅学会观察，而且会学习思考、学习探索；回归自然，不仅能增长他们的知识经验，促进他们的各种能力的发展，而且能丰富他们的精神世界，在他们的心灵中播撒热爱生活、热爱家乡、热爱祖国、热爱自然的种子！

## 第三节 亲亲小草莓

作为一名幼儿教师，我们都非常善于制订各种教育计划，创造各种教育情景，利用各种教具带领孩子们积极地学习新的知识。孩子们也会在我们为其创造的环境里自由地探索，从而获得新的知识和经验，探索新的领域，快乐地成长与学习。

但是，我们常常忽视自然教育、真实的学习环境、真实的学习体验对于孩子成长的意义。那么作为教师的你，是否会关注日常生活中的教育契机、是否会创造机会，带领孩子们走出课堂，走进自然，让孩子们亲自体验、亲自探索、感知真实的生活，并且让孩子们用自己的"语言"或者"方式"去记录，去表达生活中的美，从而获得丰富的体验呢？

### 一、关注日常生活——孩子的需要看的见

《纲要》中指出，我们要"善于发现幼儿感兴趣的事物、游戏和偶发事件中所隐含的教育价值，把握时机，积极引导"。

在幼儿园一日活动的各个环节，与孩子为伴，我们常常会发现孩子们拥有许多奇异的想法、古怪的问题；孩子的童言趣语也会带给我们很多快乐！作为一名幼儿教师，我们是否能够及时关注孩子的表现和需求来激发孩子探究与学习的热情呢？

### 案例 8-3-1　亲亲小草莓

时间：2020.03.18

观察幼儿：玥玥、莎莎

观察地点：活动室

观察者：顾老师

今天孩子们吃的水果是草莓。春天来了，正是草莓上市的好季节。面对着一只只红红的、大大的草莓，孩子们爱不释手。有的孩子一小口一小口慢慢品尝；有的孩子用舌头慢慢舔着，一点点吮吸着草莓甜甜的汁液。

只见玥玥一边吃一边说："我的草莓红红的真漂亮，我要亲亲我的小草莓。"说着，对着小草莓舔了一口。旁边的莎莎看到了，也对着草莓舔了一口："我也亲亲我的小草莓。"孩子们相互模仿着，都亲着自己的小草莓，很是欢喜。

不一会儿，玥玥拿着一个小草莓来到我身边："老师，小草莓可甜了，你也吃一个！"我笑着接过玥玥的小草莓说："好啊，我也亲亲小草莓！"玥玥高兴地笑起来，问我："老师，草莓是长在哪儿的呢？"听到玥玥的问题，孩子们叽叽喳喳议论起来。

"草莓是长在水果店里的。""不对，应该是在超市里买的。""我觉得草莓应

该是长在树上的，苹果就是长在树上的。"孩子们都希望从老师的口中得到正确答案。"对呀，草莓是长在哪儿的呢？"我反问孩子们。春天了，是时候带孩子出去走走看看了！

（案例作者：顾联胜　沧州市第一幼儿园）

　　孩子们都非常喜欢草莓。它红红的颜色、甜甜的味道都吸引着小班的孩子们。但是由于孩子们还小，他们只见过从水果摊或者超市里买到的草莓，而很少有孩子见到过生长中的草莓，所以孩子们对草莓产生了强烈的好奇。草莓是长在哪儿的呢？草莓会不会像苹果一样挂在树上呢？这些疑问激发孩子强烈的探究兴趣，因此教师决定带孩子到真实的环境中去，让孩子真真正正地与草莓近距离接触，小班的采摘草莓活动就这样开始了。

　　在与孩子的互动中，教师要有强烈的课程意识，要能够抓住稍纵即逝的教育契机，及时捕捉孩子感兴趣的事物或者现象，了解孩子的需求，进而创造孩子需要的学习内容和学习环境，促进孩子能力的发展。

## 二、走出去——孩子的学习看的见

　　我国学前教育家陈鹤琴先生说："大自然、大社会都是活教材。"直接的书，应该向大自然、大社会学习。

### 案例 8-3-2　我跟草莓有个约会

时间：2020.03.21

观察幼儿：小一班的孩子们

观察地点：采摘基地

观察者：顾老师

　　周六，我们小一班的老师经过充分的准备，与家长一起带着孩子们去草莓种植基地采摘草莓。

　　在车上，孩子们已经欢欣雀跃起来！"老师，我妈妈说草莓不是长在树上的。"萱萱说。"我也查电脑了，草莓在地上长的很矮。"明溪大声地说。听着他们有趣的对话，我欣慰地笑了，孩子们已经知道自己去寻找答案了。"等一会儿到了种植基地，你们会发现更多的秘密哦！"我刚说完这句，孩子们立刻又兴奋起来。

　　草莓基地终于到了，看到满地鲜红欲滴的草莓，孩子们拉着爸爸妈妈快乐地跑进草莓地里！

　　"老师，你快看，草莓的花是白色的，好像一朵一朵的小星星。""明溪，你看草莓的叶子是三片连在一起的，就像你、我还有瑶瑶，它们也是好朋友吧！""老师，你快来看，草莓的身上有好多的小麻点啊！"又有孩子喊了起来。

我拿起一个红红的草莓，"你们知道草莓身上的小麻点是什么吗？"我大声地问孩子们。"老师，这些小麻点是草莓的种子，我妈妈告诉我的。"柳柳大声说。"老师，你知道那是什么吗？"俊卿忽闪着大眼睛望向我。我故作神秘地望向孩子们，"今天我请了种植草莓的专家王阿姨来回答你们的问题！"

"孩子们，欢迎你们和爸爸妈妈来我们草莓基地，刚才有小朋友说小麻点是草莓的种子，对还是不对呢？其实我们平时吃的红红的果肉部分是由花托发育而来的，被称为假果；那些小麻点才是由子房发育而来的，被称为瘦果。也就是说那些小麻点才是草莓真正的果实，而草莓真正的种子就隐藏在这些小瘦果中。你们知道了吗？"

"小麻点才是草莓的果实啊！"孩子们全都惊讶了。"我们吃的红红的果肉是假果，真好玩！""阿姨，你知道草莓的种子藏在哪里吗？"孩子们的问题越来越多，他们围着王阿姨问个不停。

（案例作者：顾联胜　沧州市第一幼儿园）

这次采摘经历无疑是快乐的，孩子们在与自然的亲密接触中，不仅感受到了大自然的美妙，还在实践中解决了日常生活中的疑惑，丰富了对草莓的了解，在走进大自然的过程中体验到了野外活动的乐趣！

首先，孩子们对草莓的根、茎、叶、花、果实、种子以及生长环境都有了更为直观的了解与学习。对于从小在城市里长大的孩子来说，这次草莓采摘活动直接地满足了孩子们的好奇心和探索欲。直接告诉孩子们答案不如让他们自己去寻找答案！

其次，在采摘的过程中，孩子们不仅对草莓有了更为直观的了解，而且，通过自己努力得到的劳动果实让孩子们备感珍惜；集体出游让孩子们能更好地融入集体。一举多得，好处多多！

对于孩子们来说，大自然就是他们游戏、学习、体验、观察、探索的最好场所，在这里他们的心情得以愉悦、身体得到锻炼、心智得到发展。

走出去，这是看的见的学习！

### 三、真实的学习不能缺席

孩子的认知源于生活。孩子的童年，需要大自然的教育和滋养；孩子的能力，需要在自然环境中得到提高。

时间：2020.03.23

观察幼儿：明杰

观察地点：活动室

观察者：顾老师

本周的主题绘画内容是——采摘归来画草莓。上周刚刚摘过草莓，这就像是一场"及时雨"，因为有了来自现实生活的经验，孩子们画起来得心应手，一边画一边还说，"草莓有红的，还有绿的呢！""草莓上面有许多小黑点！""草莓外面还有许多小毛毛呢！""草莓的叶子像锯齿。""草莓的叶子好多呀，所以画草莓还要画叶子。"

图 8-3　我来画草莓

图 8-4　长在树上的草莓

到了欣赏孩子们作品的时间了，孩子们将自己的作品纷纷放到展示板上，忽然，子轩大声喊起来："明杰画得不对，草莓根本不是长在树上的。""对，明杰画错了，采草莓的时候咱们不是看到草莓长在地上吗？"老师走过去，看到明杰在纸上画了一棵大大的树，树上长了好多红彤彤的草莓。

明杰委屈地说："我没有去摘草莓，我以为草莓跟苹果一样是长在树上的。"

晚上离园的时候，老师与明杰的妈妈讲了今天幼儿园发生的事，明杰妈妈看着明杰画的草莓树，说"这周末我一定带孩子去看看真正的草莓。"

周一来园，明杰欢快地跑向我，把他画的漂亮的草莓贴在了展示板上。

（案例作者：顾联胜　沧州市第一幼儿园）

案例中的明杰因为没有见过草莓，所以按照自己原来的认知把红红的草莓画到了树上，而在爸爸妈妈带他去看过草莓之后，画出了真正的长在地上的红草莓。所以，我们要重视孩子在生活实践中的学习，不把教室看作唯一的教育场所，要把大自然和社会看作孩子学习的第二课堂，我们要多带孩子走向真实的自然或社会，为孩子提供学习途径，为孩子创设开放的学习空间。

教育家陈鹤琴先生明确主张把大自然、大社会作为出发点，使孩子在与自然、社会的直接接触中，在亲身实践中获取经验和知识。他特别强调"活"，即带孩子到活的大自然、大社会中去。所以，在教学实践中，我们要根据孩子的特点，多给孩子感性的知识，创造各种环境和条件，多让孩子接触大自然和大社会，让孩子多观察，多活动，让他们在游戏、绘画、讨论、探究等自主学习行为中与自然对话，与生活对话。我们要尊重他们的不同个性、不同发展水平、已有经验等，理解并尊重他们，与他们建立高效的师幼互动关系。我们不仅是孩子的引导者、支持者、合作者，在大自然、大社会中，我们还是孩子的玩伴，是孩子信任的人。

## 第四节　原来这不是垃圾

美国教育学家杜威曾经说过："教育即生活。"也就是说教育应该是受教育者的生活成长过程。生活赋予我们一个很大的生活教育环境，我们要充分利用各种教育资源，拓宽孩子的生活、学习空间，带孩子走出课堂，走进生活、走进社会。

作为一名幼儿教师，我们应该关注孩子的兴趣和需要，让教育走进大自然、走进孩子真实的生活世界，让孩子在生活世界中积极探索、接受挑战、快乐学习、促进成长。那么，如何让教育走进孩子的生活，这是每一个幼儿教师都应该思考的问题。

### 一、小问题，大智慧

生活是一种实践，也是一种体验。我们在参与孩子的生活与学习时，是否能及时与孩子产生连接，及时参与到孩子的生活与学习过程中，在一件件看似毫不起眼的小事中及时引导孩子思考、探究，让孩子在每一件看似平凡的小事里产生思考、收获知识、得到成长，这是每一位教育工作者都应该思考的问题。

### 案例 8-4-1　原来这不是垃圾

时间：2017.05.13

观察幼儿：中二班幼儿

观察地点：植物园

观察者：张老师

今天上午，青年路幼儿园组织中班孩子们到植物园春游。孩子们背着自己的行囊，穿着统一的园服，开心快乐地进入植物园。

两个多小时的玩耍时间眨眼即到，到了要捡垃圾的时间了，中二班的孩子们带着口罩、手套，每人拎着一个大垃圾袋，东奔西跑地捡起草地上的垃圾。孩子们捡拾垃圾十分认真，塑料袋、烟头、气球皮、包装纸等都进了垃圾袋。

一个穿红棉袄、梳马尾辫的女孩来到我跟前，低声对我说："园长妈妈，我不知道什么是垃圾。"我轻轻地拉起孩子的手："咱俩一起从草地上找找，看看有没有游客扔下的烟头、塑料袋等东西，这些都是垃圾。"孩子很高兴，没过一会儿就独自到草地上去捡拾垃圾了。

图 8-5　一起去捡垃圾

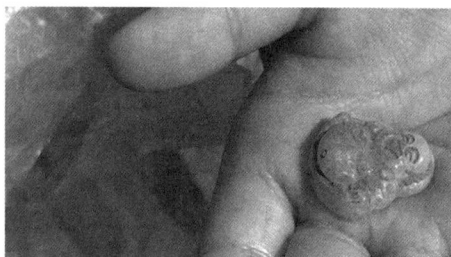

图 8-6　捡到一个宝贝

过了一会儿，她兴奋地攥着一样东西跑到我身边，小心地张开手对我说："园长妈妈，你看这是垃圾吗？"我看了看，惊喜地告诉她："这不是垃圾，你捡到的是一个玉佛项链坠，也不知道是哪位阿姨丢在这里的？"其他几个男孩也好奇地过来凑热闹，他们争相抢着看这个女孩手里的宝贝，看起来羡慕的不得了。

这时，另外两个男孩对着一个树坑在讨论："这个削了皮的鸭梨是垃圾吗？"两个孩子认为鸭梨皮是垃圾，梨不是垃圾。

集合的时间到了，每个人举着自己的垃圾袋给大家看，班级老师准备带孩子回去了。这时，我发现不少孩子垃圾袋中装的是树枝和果核，便停下来问大家："树枝和果核是垃圾吗？"

经过讨论，孩子们一致认为：树枝等是树上

图 8-7　这是垃圾吗

落下来的，随着风吹雨淋逐渐会腐烂变为草和大树的肥料，所以孩子们认为应该把树枝和果核留给大自然，于是，孩子们自觉地把树枝和果核送回草地。

这时，又有孩子问："塑料袋是垃圾吗？"

经过讨论，大家认为：塑料制品、烟头、包装纸等都是垃圾。苗苗老师补充认为不能降解的东西才是垃圾，讨论到这里，孩子们似乎明白了一些，他们捡拾垃圾的热情更加高涨，路两边的塑料包装、纸盒等都进了孩子们的垃圾袋。随行的家长也被老师和孩子们的文明行动带动起来了，他们不嫌脏、不怕累，负责任地将垃圾袋扔到了垃圾桶里，这种行动又给身边的孩子做出了榜样。

（案例作者：张春矩 保定市青年路幼儿园）

捡垃圾的活动孩子们一定会终身难忘，因为他们知道了人、动物与自然界的依存关系，所以，这次春游活动对于孩子们来说充满意义。

幼儿的教育大抵就是如此，"我听说了，就忘了；我看见了，就领会了；我做过了，就记住了。"孩子通过捡拾垃圾的活动，不仅明白了什么是垃圾，还懂得了人与环境的关系，更懂得了一名社会公民应尽的义务和责任。

而在这个案例中，我们也能看到春炬园长作为一个师者的敏锐，"让幼儿回归自然环境，让教育回归真实生活"不是一句空话，她真正地关注了孩子的生活，让孩子真正地亲近自己的生活，去发现，去解读，去探究。"小问题，大智慧"，这才是教育的真谛。

## 二、真学习，真生活

《指南》中指出："幼儿的学习是以直接经验为基础。"我们要创设丰富的教育环境，最大限度地支持和满足幼儿通过直接感知、实际操作和亲身体验获得经验的需要。

### 案例 8-4-2　做木工的孩子们

时间：2019.11.15

观察幼儿：在班幼儿

观察地点：木工坊

观察者：顾老师

2019 年 11 月，我们走进唐山一幼进行交流学习。我们走进木工教室时，发现孩子们都在低头忙活着，有的在用锯子沿着动物的轮廓将木板上的动物模型锯下来，有的在用刨子将木头刨平，有的在认真地用砂轮机对木头模型进行精心打磨，还有的在用螺丝刀使劲地拧螺丝……

说实话，我看到孩子们的操作后先是吃了一惊，惊讶里带着一丝丝的担心，我真害怕孩子们不小心伤害到自己，尽管幼儿教师随时关注着孩子们的动态。我大气也不敢出，站在那看着孩子们操作，慢慢地我的担心化成了惊喜，孩子们操作得不仅投入而且熟练，我们这么多人站在他们身边，他们仿佛进入无人之境，丝毫不受我们的影响。

仔细观察案例中的孩子们，他们对木工的各种操作了然于胸，沉浸在木工创作的愉悦之中。各种木工技能的掌握肯定非一日之功，但是这种经历对于他们未来的成长肯定大有助益。

我们知道，直接经验的获得是孩子认知学习的基础，对其后期多种经验的获得至关重要。直接经验累积的越多，越有助于个人获得相对抽象的经验，所以作为教师，我们应该创造更丰富的生活环境和自然环境，支持和鼓励孩子们通过自己的感知和操作来获取更多的直接经验；尊重孩子获得直接经验的权利，为他们提供必备条件，并引导孩子拓展获得直接经验之后的再学习。

现在很多幼儿园都会提供生活化的课程学习，如编织坊、木工教室、生活馆、科学工坊、建构工作室等，这些课程让孩子的生活技能得到不断的提升，这个过程中，孩子获得的不仅是直接经验，更是学习能力的不断提高。这才是孩子们想要的"真学习真生活呀！"

（案例作者：顾联胜　沧州市第一幼儿园）

## 三、生活处处皆教育

陶行知先生说过"一日生活皆教育"。教育与生活是同一过程，教育寓于生活之中，教育必须和生活结合才能发生作用。无论是带孩子走出去，走到大自然中去，还是让孩子生活在幼儿园，教师都应该注重真实生活环境对孩子的影响。生活和教育是一回事，是同一过程，教育不能脱离生活，教育要通过生活进行，无论是教育的内容还是教育的方法，都要根据生活的需要。

### （一）生活即教育

生活即教育是陶行知生活教育理论的核心。在园期间的吃饭、上课、洗手、睡觉等生活环节中都蕴含了规则行为、品质习惯的建立与养成，所以教师更要重视一日生活的各个细节，创造良好的生活学习环境，在每一个环节中注重孩子的参与和学习，并依据孩子的年龄特点和兴趣，寓教于乐，让孩子能看、会说、想做。只有这样，教育才能真正回归生活，生活才能成为他们游戏、学习、体验、观察、探索的最好场所!

### （二）大社会大课堂

"社会即学校"是生活教育理论中尤为重要的主张。教育的方法、教育的材料、教育的工具媒介、教育的环境，皆是社会的。这一观点拓宽了我们教育的视野。教育必须面向社会，面向生活；更要走向社会，走进生活。幼儿就是在不断动手操作、实践中获得直接经验，这些经验是真实的，在与同伴不同的认知碰撞中不断丰富。

### （三）教学做合一

"教学做合一"是生活教育理论中关于教学方法的具体化，主张教、学、做不是三件事，而是一件事。陶行知先生将其形象地比喻为"行动是老子，知识是儿子，创造是孙子"。做是知识的重要来源，孩子通过实际操作，身临其境，真实感受，动手尝试，经验互搓来获得收获。孩子生活中处处有教育，教师应更多关注孩子的实际生活、已有经验及未知经验，探索教、学、做的多层次、多水平的学习形式，让孩子健康地生活，轻松地学习，快乐地成长!

## 第五节　快乐的丰收

"春种一粒粟，秋收万颗子。"黄澄澄的玉米、白花花的棉桃，无一不在用大自然独有的色彩告诉人们——秋天是丰收的季节。

"光阴流转，果蔬当时"，石榴笑了、山楂红了、苹果香了、鸭梨黄了……，这是大自然在用它特别的语言告诉人们——秋天是丰收的季节。

秋天是丰收的季节，是花草树木凋零的季节。大自然的变化，孩子们会看在眼里，记在心中。可是，秋天对于孩子来说，真的就是他们所见的树叶变黄了、庄稼成熟了这些最直接最外显的经验吗？而"秋天是丰收的季节"这样的语言孩子理解吗？作为教师，你会通过什么样的活动给孩子们讲述秋天的故事，让孩子们感受丰收的喜悦呢？你是在图画中、在故事里、在多媒体课件上带领孩子们寻找秋天，理解丰收的含义吗？

### 一、课堂外面的秋天不一样

孩子们对自然的认知来自他们观察、体验、参与和积极的探索实践。作为守护在他们身边的幼儿教师，面对充满好奇心的他们，我们都会有许许多多的机会和方法跟他们讲述并分享关于秋天的感受。但是，带他们走出教室，走进自然，课堂外面的秋天就跟图画中、故事里的秋天不一样了!

时间：2020.11.10

观察幼儿：中一班幼儿

观察地点：户外院子

观察者：顾老师

美丽的秋天来了，树叶也慢慢变得五彩斑斓，红的、黄的挂在枝头。孩子们在幼儿园里、在居住的小区里、在公园里，甚至走在马路上，都能感知秋天的变化。

周三的下午张老师带着中一班的孩子们去院子里捡拾落叶。幼儿园的院子里种植着各种各样的树木，每一种树木的叶子也都不同，宽大的梧桐树叶、窄细的石榴叶、还有像小伞一样的银杏树的叶子……孩子们欢快地在落叶中奔跑着，撒着欢，有的孩子还抓起一大把的叶子扔向空中，一边扔一边喊："结婚了，结婚了……"有的孩子就在落叶中玩起了过家家。

图 8-8　这是我捡的树叶

图 8-9　扔落叶，结婚啦！

玩了一会儿，张老师请孩子们捡拾自己最喜欢的落叶，并且还要说明自己喜欢它的原因。明明说："老师，地上的叶子形状都不一样，有的像小伞、有的像扇子。"西西说："这片树叶细细的、长长的。""这叫枫叶。"明明说道。

"老师，这片叶子上有细细的线，是什么呢？"老师说："那叫叶脉，除了叶脉，我们用手抓的地方叫叶柄。""那这又是什么呢？"明明指着叶柄问道。"那就是叶柄呀。"老师说，"有的树叶的叶柄长，有的树叶的叶柄短；有的树叶的叶柄是新鲜的，有的树叶的叶柄是干瘪的。"

原来，教室外的秋天跟故事里的秋天不一样，外面的秋天更有趣。

（案例作者：顾联胜　沧州市第一幼儿园）

孩子们在教师的带领下走出课堂，他们用自己的眼睛、自己的身体、自己的感觉来界定心中的秋天。更难能可贵的是，他们对于秋天的经验也不局限于"树叶变黄""天气变凉"这些外显的"秋天的语言"上。除了这些容易关注的显性存在，在课堂，孩子们更加关注秋天的变化给他们带来的乐趣。

### 二、田野上的课堂更快乐

无论是在教室里，还是在爸爸妈妈的故事里，我们经常会跟孩子讲："秋天是个美丽的季节""秋天是个丰收的季节"，可是对于生活在城市里的孩子，他们非常好奇，什么是"丰收"？"丰收"又是什么样子的?

**案例 8-5-2　老师，丰收真快乐！**

时间：2010.10.11

观察幼儿：中一班幼儿

观察地点：活动室

观察者：顾老师

随着"美丽的秋天"活动的开展，中一班的孩子已经跟随老师多次走出教室，走进自然。在院子里、公园里找秋天，发现不同树木树叶的颜色、形状，叶片的脉络各不相同，孩子们还利用树叶的这些特征发明了许多有趣的游戏："有趣的树叶画""小树叶排排队""拔根比赛""树叶拓印真有趣"……

"秋天是丰收的季节"，可是，对于城市里的孩子们，什么是"丰收"呢？

国庆长假期间，老师发出倡议，让孩子们和爸爸妈妈一起去田野里、果园里寻找秋天、寻找丰收的痕迹。

假期归来，晨间分享的时候，孩子们迫不及待地分享自己的感受："老师，我跟爸爸妈妈一起去了奶奶家，我跟爷爷奶奶一起刨花生，花生长在地下面，爷爷用铁锹挖一下，我使劲一拉，花生就拔出来了，我们收获了好多好多的花生啊！"凡

图 8-10　摘玉米

图 8-11　一起刨红薯

凡连说带比划。

"老师，我姑妈家有许多玉米，玉米堆了一院子，黄澄澄的，像一座金山……"小可大声地跟大家分享着，兴奋之情溢于言表。

"老师，我和爸爸妈妈一起去挖红薯了，地底下埋了好多红薯，我们都给挖出来了，爷爷装了一大车，丰收真是太快乐了！"

"老师，我跟子熙还有莫兰一起去泊头摘鸭梨了，我妈妈说泊头是鸭梨之乡，我们摘了好多梨，我还给小朋友带了好多来幼儿园，我们真是大丰收啦！"

……

教师感受：孩子们在田野里不仅认识了各种果实和农作物，而且通过亲子参与，真正体会到丰收的含义与快乐。田野上的课题更快乐！我们还把孩子们带回来的花生、红薯、玉米、棉花、各种水果等布置在教室里的"四季桌"上，一有时间，孩子们就会跑到那，一边讲解这些农作物的名字，一边相互交流采摘的过程和收获的感受，孩子们发出阵阵笑声，在他们小小的认知里，秋天原来有这么多果实，"丰收"原来如此快乐！

（案例作者：顾联胜　沧州市第一幼儿园）

这次国庆节的亲子活动，是孩子们真正走向田野的"户外课堂"。走向田野，走进果园的亲子采摘活动，有助于孩子把原来粗浅、零散的关于"丰收"的经验进一步拓展、完善和提升，而这些亲自采摘的收获会在孩子心里留下深刻的个人印记，有助于孩子形成新的经验和感受。假期归来的分享活动可以帮助孩子们梳理、提升对于"丰收"的原有经验，提高表达能力，更深层次地理解"丰收"的含义。

大自然就是孩子们最喜欢的课堂！

## 三、走进大自然、大社会，践行活教育

我国教育家陈鹤琴先生创建的活教育理论，是基于我国教育实践创立和发展起来的幼教理论。他提出："大自然、大社会都是活教材。"他认为活教育的课程就是让孩子在与自然、社会的直接接触中，在亲身观察、体验、感受中获取经验和知识。

### （一）从自然中看真实的幼儿

秉承陈鹤琴先生的活教育理念，一定要给予孩子更多真实的教育。想一想，当我们手举着一束假花让孩子们嗅出其中的芬芳，当我们拿着一个个塑料的水果让孩子们说出它香甜的味道，当我们捧着一幅幅画让孩子们大谈季节的变化和光阴的流转时，是不是悖离了教育孩子的初衷呢？孩子们在没有观察、没有感受、没有体验

的课堂中学习，他们不仅不能习得真正的知识和经验，这种"假做、真听、跟说"的现象还会对孩子未来的成长产生不良的影响。而活教育理论的最重要之处就是"真正做人"，这才是活教育的核心内涵。对"做人"的追求源于中华优秀传统文化，我们要将中华优秀传统文化的"基因"植入教育思想和实践中，让孩子在真情实境中学习，为孩子的一生奠定良好基础。

**（二）从大社会中看教师的支持**

作为一名幼儿教师，基于活教育理论，我们首先应该改变传统的"死教书"的方法，以大自然为活教材，冲破幼儿园这个狭小的天地，让孩子到自然和社会中去学习，让孩子在大自然、大社会中探索万物，养成习惯，并将其融入一日生活中。另外，我们要"以孩子为中心"，我们要关注他们的需要，从他们的兴趣出发来设计课程，并且要关注课程的行动性、即时性、真实性、整体性。在我们的日常教学中，我们要让孩子多参与、多动手。只有孩子亲自参与，孩子才能拥有实践经验，当孩子在实践中感受到乐趣，他们实践的热情才会被激发，他们才会在不断的实践中变得越来越自信。

让我们带领孩子走进"大自然、大社会"，践行活教育，体验"大乐趣"吧！

# 第九章
## 该如何与孩子对话

教师的言语是一种什么也代替不了的影响学生心灵的工具。教育的艺术首先包括说话的艺术，同人心交流的艺术。我坚决相信，往往学校里很大的不幸的冲突，大多数源于教师不擅于同学生们谈话。

——苏霍姆林斯基

教师专业的语言力量巨大，是连接教师与孩子心灵的中介，是拉近师幼关系最有力的工具。认真思索一下，我们平时是怎样运用语言的呢？我们的语言讲出来有收到预期的效果吗？还是适得其反了？当孩子在为玩具发生争抢时，我们是否在用专业的语言询问和诱导，如丽莲·凯兹《与幼儿教师对话》一书中的"三轮车"案例中教师的做法，从幼儿园常见的"争抢三轮车"事件到教给孩子语言交往的技巧，提高他们的社交能力，进而引发对幼儿园管理的思考。

### 第一节　对不起，我不是故意的

从孩子清晨入园开始，他们就开启了一天的生活。我们有时会听到孩子的哭闹声，有时会听到孩子之间的争吵声，有时会听到教师的责备声。我们经常会听到孩子说："对不起，我不是故意的。"在这声音的背后，我们是否能发现其背后的秘密呢？每天与孩子朝夕相处，我们能走进孩子的内心与他们交流吗？我们能否从专业的角度解读孩子的"犯错"行为，帮助他们缓解"犯错"后的焦虑呢？

#### 一、真观察，真交流

走进孩子内心，需要我们与孩子交心，但前提是我们也有一颗童心。不以成人的目光看待孩子，而是站在孩子的角度，用心倾听、呵护童心。

时间：2019.04.07

观察幼儿：毛毛（4岁）

观察地点：盥洗室

观察者：付老师

一次，孩子们在喝水区喝水，这时候有小朋友跑过来说："老师，老师，毛毛把镜子上面弄了好多水，还把镜子都弄脏了。"我看到镜子上有许多手指印，于是蹲下来询问毛毛发生了什么事情？她很委屈，对我说："老师，对不起，我不是故意的。这不是我弄的，可是我擦了半天镜子也没擦干净。"

图 9-1  委屈的毛毛

后来我了解到是辰辰喝水时在镜子一旁玩耍，弄上了好多水点，毛毛想去擦干净，没想到镜子越擦越脏了。我蹲下来对毛毛说："你是一个讲卫生、爱劳动的小朋友。和你分享一件我小时候的事情吧，小时候我也总喜欢帮妈妈做事情，可是总做不好，后来我向妈妈学到了好的办法，经过反复练习，我终于学会了，也许是你还没找到擦镜子的好方法，才把镜子弄成这样的，是吗？"她点点头，随后我便把擦玻璃的方法教给了她和辰辰，她和辰辰用毛巾把镜子擦干净后，露出了天真的笑容。

（案例作者：童谣　雄安容西祥辉幼儿园）

基于日常观察，教师要从孩子的言语、行为、喜怒哀乐等情绪的变化中获得第一手资料，注意他们的性格、知识水平和心理水平，从而为自己的教学指导提供依据。案例中所描写的事情在幼儿园经常发生，一个孩子犯了错误，在不知情的情况下，其他孩子会张冠李戴，指认是他人所为。我们要走近孩子，问清事情的原委，站在孩子的角度分析原因。案例中的教师与孩子分享自己小时候的经历，让她感受到教师的真诚。这段师幼对话是建立在教师对孩子观察的基础上的，是一次有意义的交流。教师如果肯放下姿态，弯下身子，与孩子交心，信任和关爱孩子，那么教师就掌握了打开孩子内心世界的钥匙。

## 二、真观察，善倾听

作为教师，你是否会从"我以为"的角度去揣度孩子，结果误解了孩子，用"我以为"的想法去评价孩子，结果发现自己远离了孩子的真实内心世界。教师看到孩子的一些行为会立即喝止，严厉责备他们，却拒绝听一听他们内心的想法。

时间：2020.10.15

观察幼儿：西西（小班）

观察地点：活动室

观察者：王老师

建构区的游戏时间结束了好久，西西还是没有归置好积木，引来了黄老师的注意。

黄老师来到建构区，看到西西坐在地上漫不经心地摆弄着积木，一副闷闷不乐的样子，于是蹲下来，拉住西西的手问："西西你怎么了，身体不舒服吗？告诉老师为什么今天没有收拾好自己玩过的积木呢？"听到老师温暖的声音，西西一下子哭了出来，边抽泣边说："老师，我奶奶回自己家了，不和我住在一起了。"

黄老师一下子明白了为什么这半天西西干什么都没有精神，无精打采的样子，原来是一直以来看护他的奶奶回了老家。于是老师和西西聊了起来，"奶奶家在哪里？""奶奶家里还有谁？""奶奶做什么饭最好吃？"老师一边收整玩具，一边耐心地和西西对话，聆听孩子的回答。"去奶奶家要坐火车""奶奶家养了一条大黄狗""我最爱吃奶奶蒸的肉包子"……

西西慢慢停止了哭泣，一边聊着奶奶，一边接过老师递过来的积木，分类摆放到橱柜里。

（案例作者：王淼淼　雄安容西祥辉幼儿园）

倾听是幼儿教师专业素养的重要组成部分。真正的交流需要倾听，不仅需要我们打开耳朵和眼睛，更要敞开心灵。积极倾听指的是教师以积极、主动的态度，恰当运用良好的倾听技巧，由此展开的有益于师幼互动的一种倾听状态，如教师蹲下来，与孩子平视，耐心等待孩子说完，并给予适当的目光接触和积极的反馈等。

如果没有认真倾听孩子内心的想法，盲目责备可能会伤害他们的自尊心。教师只要在下结论之前等一等、问一问，孩子就会向我们娓娓道来。倾听是把钥匙，也是一种沟通中的智慧，当孩子在生活和学习上有需要时，我们要倾听他们的要求。当孩子想把生活的经历、内心的秘密告诉我们时，我们要倾听他们的诉说，当孩子有委屈时，我们要倾听他们的解释。教师这个听众不同于其他听众，应带着思想去倾听，在倾听中发现问题、解决问题。

### 三、等一等，再看看

我们总是强调观察孩子、解读孩子，而在实践中往往不能客观地解读孩子的行为，常常误解孩子。

时间：2017.02.16

观察幼儿：嘟嘟（中班）

观察地点：活动室

观察者：徐老师

在"好玩的图形"活动中，与孩子们一起认识了圆形的特征后，我请他们从多种图形卡片中为圆形找朋友。大家都在积极参与活动，我走到嘟嘟的身旁，看到他没有找圆形，而是拿着一些卡片在桌面上摆来摆去。我走过去提醒他："是给圆形找朋友哦，你找对了吗？"过了一会儿我想去帮忙时，看见图片已经摆在了地上，我有点着急："嘟嘟，你在干什么？怎么地上都是卡片了？"他却向我招手说："老师你看，我找到了一个圆形，我不是故意把卡片掉在地上的，我想把卡片放在地上找圆形。"这时，我发现嘟嘟面前摆着一个用两个一样大的半圆形拼成的圆形。

（节选自徐爱萍的《精彩总在等待后》）

案例中，原来嘟嘟一直在思考怎样找到一个和别人不一样的圆形，而教师的着急提醒差点就扼杀了孩子的独立思考和创造力。

孩子的思考和成长是需要时间的，所以需要我们耐心等待，等待他们通过亲身操作来验证自己的思考，获得有益的经验。而很多教师缺乏的便是这种耐心，一旦发现孩子的行为与自己的设想不一样，就会急于去指导帮助孩子，殊不知，我们的帮助实际上是在代替孩子的成长，是在扼杀孩子的独立思考。在自然界，"阳光总在风雨后"，在教育中，"精彩总在等待后"。

## 四、注重观察，平等对话，提升教师的专业素养

### （一）转变观察观念，增强观察意识

观察是教师理解孩子的基础，良好的观察能力可以有效地促进教师的教学和孩子的学习与发展。教师要学会尊重孩子在活动中的行为表现及身心发展特点，转变自身的教育观念，树立主动和有目的的观察意识，并通过对孩子的观察来反思自身的教育行为，在反思调整中提高自身的观察能力。教师应该始终秉持观察是服务于孩子的活动并支持他们发展的立场，不断提升自身主动观察的意识，将观察从一种外在的促进手段转变为教师内发性的、常态性的教育方式。

孩子渴望与教师亲近，渴望得到教师的关注与喜爱，因而教师要善于发现并给予回应，抓住每次与孩子交心的机会。

### （二）加强语言意识，提高语言艺术

幼儿园阶段，孩子正处在思维发展的关键期，因此教师语言对孩子思维的发展具有非常大的影响。准确的语言表达是教师与孩子交流的主要工具，影响孩子语言和思维的发展，是师生沟通的桥梁。幼儿教师应该提高语言意识，认真学习理论知识，提高语言艺术。

观察优秀教师与孩子的互动交流情景，我们不难发现，教师们提出的问题简洁、明晰，语言富有感染力，能吸引孩子；他们的语言表达准确、精练，能够充分引发孩子的思考。

### （三）为孩子营造宽松自由的语言环境

宽松自由的语言环境是调动孩子交流兴趣的外部条件，它体现了教师与孩子的平等关系，即尊重孩子的人格，不断启发孩子思考。试想一下，如果班级氛围死气沉沉，孩子遇到问题不敢说，不敢问，害怕和教师说话，那会是怎样一种场景？

所以，考虑到孩子的年龄特点，我们必须为他们创设一个他们喜欢的语言环境，来激发他们的情感冲动，激发他们的求知兴趣、想象力与创造力，激发他们主动参与活动的兴趣与思维"内驱力"，来保进积极的师幼互动，建立良好的班级氛围。

人们常说："亲其师信其道。"一旦孩子感到教师是可亲可敬的，教师的话就很容易被他们接受，师幼间就容易擦出理解信任的火花，苏霍姆林斯基说："儿童的心灵需要极大的关注和爱护。"陶行知也说过："不要你的金，不要你的银，只要你的心。"童心世界是多姿多彩的，只要我们走进去，教育的真谛就会展现在我们的教育生活中。

## 第二节　我不是妈妈，但胜似妈妈

有一种爱，博大无私、无怨无悔，像大海一样深邃，如山峰一般高远，不因时间而变淡，不因距离而疏远，那就是母爱。还有一种爱，如妈妈般细腻、博大、深沉，是谆谆的教导，是殷切的期盼，是成功时的赞许，是失败时的鼓励，承载希望，肩负责任，那便是教师的爱。

从孩子的哭闹、饮食中，你开始了一天的幼师工作，你的一举一动，你的一言一行，就像一面镜子，折射在孩子的目光里、心灵中。都说教师像妈妈，但是日复一日、

年复一年单调重复的工作有没有让你厌烦？为人师的你是用怎样的方式，怎样的语言引导、呵护、尊重孩子，公平公正对待每一个孩子的？

## 一、温暖交流，呵护孩子心灵

时间：2019.04.19

观察幼儿：言言

观察地点：幼儿寝室

观察者：李老师

观察背景：言言是个乖巧、腼腆的小女孩，从小班入园到现在三个星期了，她一直都没有哭过，而且严格按照老师的要求行动。别的孩子都还处在分离焦虑中时，她总是安静地坐在角落里，就连跟老师和孩子们对话也总是那么小声。接连几天中午，言言都没有睡着，而且把床尿湿了。每次尿床后，她就那么安静地躺在那儿，从不跟老师说。

今天，在孩子们都睡下后，李老师观察到言言来回翻了两次身，于是悄悄走过去，摸着孩子的头，低声问道："怎么了，言言？"她没有回答，而是把身子转过去，接着还用被子把头都蒙上了。李老师轻轻地拉下她的被角："言言，老师爱你，无论你做了什么事，你都是最可爱的。来，我看看，言言怎么了？"言言转过身来用细小的不能再小的声音说："我尿床了。""哦，没关系，我们换了就好了，以后想去厕所时就直接悄悄去，不用跟老师说。"李老师笑着鼓励言言。"嗯。"言言点点头。可当李老师拿过衣服来想帮言言换时，看得出她还是有些羞怯。所以一边给她换裤子，李老师一边跟她聊天："知道吗？告诉你一个秘密，老师小时候也做过这样的事，所以老师才最擅长换裤子了。""真的吗？"言言半信半疑抬头小声问道。老师肯定地点点头："嗯，比你这个圈圈还要大。"言言忍不住笑了，老师边比划着边做了一个"嘘"的手势，满脸认真地告诉言言："千万别说出去，这是咱们俩的小秘密。"言言使劲点点头，说："我们拉钩。"此时，李老师发现言言嘴角的微笑代替了先前的紧张和拘束，神情也放松了不少。

（案例作者：尹丽宁　石家庄市第二幼儿园）

在幼儿园里，我们经常提到教师要如何与家长进行沟通交流，却常常忽视了教师与孩子之间的沟通交流，其实这从另一个侧面反映在幼儿园里，教师更多的是利用自己的"权威"影响孩子，这样的教育里我们要思考的是教师是否尊重孩子？孩子是否是自主参与各种活动的？

教师要教育好孩子，首先要了解他们，而了解他们最好的办法就是与他们进行语言交流。但实际生活中，孩子更喜欢与同伴进行语言交流，很少有孩子愿意主动与教师交流。如何让孩子向自己敞开心扉？案例中的教师用简单的几句话，分享自己的童年"糗事"，并约定保守彼此的秘密顺利打开了孩子的心门。教师和孩子进行交流的时候，首先要调整好自己的心态，蹲下身子和孩子说话，主动地去了解孩子的意愿，尊重和接纳孩子，让孩子想说、敢说、会说。教师只有真正走进孩子心里，才能让孩子获得安全感，才能收获孩子的信任，这便是语言艺术的魅力所在，更是幼儿教师的幸福所在。

## 二、平等对话，影响孩子的行为

### 案例 9-2-2　提供帮助需征得同意

时间：2021.09.20

观察幼儿：牛牛、浩浩和满满（中班）

观察地点：户外操场

观察者：尹老师

"老师，浩浩抢我的魔棒。"户外活动时间，牛牛和浩浩争吵起来。"才不是，我只是看他老也弄不成，想帮助他。"没等我求证，浩浩便噘着小嘴，满脸委屈地辩解着。"可是，我不需要他的帮助。"牛牛坚定地回应道，语气里还有些生气。"老师知道，你想独立解决困难，完成魔棒拼搭，是这样吗？"我把手放在牛牛的肩上，轻轻拍了拍，尝试着平复牛牛的情绪。"嗯。"牛牛使劲点了点头。

"可是，老师不是说帮助别人的同时，自己也会快乐吗？"旁边独自游戏的满满一脸疑惑地反问我，原来小家伙还记得上次绘本分享时我说过的话。"没错，帮助别人，我们也会变得更快乐。可是我们在什么情况下帮助别人呢？""需要帮助，向你求助的时候。""对，有些困难别人可以通过努力自己解决，也想先尝试自己解决，这个时候，我们的帮助就不是别人需要的。"我补充道。

"那我们怎样才知道别人需不需要帮助呢？"我又抛出新的问题。"在帮助之前先问问他。"浩浩抢着说道。"浩浩这个办法好，我们在帮助别人之前，要先征求别人的意见。如果对方拒绝，那我们就要主动离开，明白了吗？"我抓住机会耐心地向浩浩解释，希望他能明白。"嗯。"浩浩用力地点点头。

（案例作者：尹丽宁　石家庄市第二幼儿园）

孩子有自己的想法，有时"抢"了别人的玩具或者打扰别人的游戏，可能是出于一种善意，他们只是不懂得怎样表达和沟通，不能选择适宜的行为。很多时候我们成人却不容分说、不辨是非，仅凭自己看到的就主观臆断地批评和否定孩子，殊不知问一问、听一听，也许我们会发现孩子的与众不同。

在传统的师生关系中，教师经常把自己的经验与思想强加于孩子，不考虑孩子的处境和感受，压抑孩子的自主意识。我们要尊重孩子、信任孩子，坦诚自己的见解，倾听孩子的心声，感受孩子内心深处的想法，以完全平等的姿态和孩子探讨、交流，帮助孩子改造自己的已有认知，重构自己的内部经验，培养他们独立思考的能力、与人合作的态度以及不卑不亢的胸襟。与孩子平等对话既影响孩子的思想和行为，也会带动他们心智和情感的发展，这才是教师给予他们最好的礼物。

### 三、以沟通为桥梁，让教师胜似妈妈

妈妈的爱是天性，教师的爱是天职，同妈妈的爱一样温柔、无私，却又多了一分严厉，添了更多责任。身为幼儿教师，语言是我们表达爱的媒介，是我们和孩子沟通的桥梁，更是我们走进孩子心灵并影响孩子行为的一种艺术。幼儿园的一日生活里教师无时无刻不在与孩子沟通交流，对于不同的孩子，教师沟通交流的方式也要有所差别。每个孩子都是独立的个体，他们有不同的思维、行为方式。教师在与孩子沟通交流时，要考虑孩子的个性差异，选择不同的沟通方式。例如，对性格内向的孩子，教师应学会换位思考，细心地体会其感受，尽量避免不经意间对他们造成的负面影响；教师要主动地与他们交流，还要鼓励他们与同伴交往，对于他们偶尔的主动，教师要给予热情的回应。

#### （一）语言是沟通孩子心灵的工具

良好有效的表达和沟通方式，能让我们如妈妈般走进孩子的内心，了解孩子最深处的想法，发现孩子最真实的需要，帮助孩子走出最直接的困惑。当孩子弄脏了餐桌、扔乱了玩具，请不要马上责怪，请蹲下来仔细打扫、轻轻捡起，同时用爱和温暖的语言感化孩子；孩子们发生争执、捣乱破坏时，请不要急于斥责，先了解事实，安抚孩子的情绪，注意用信任和鼓励的语言纠正孩子。

#### （二）语言反映了教师的教学素养

教师的语言是传递知识的途径，是自身思想品位的凝练，是专业素养的能力体现，教师的情感传递、教学理念都需要通过语言表达和体现。同样的内容，有的教师三言两语说的清楚，有的教师却反复絮叨没讲明白。相似的冲突，有的教师机智地引导，将问题化解，使之成为孩子新的学习机会；有的教师却反复批评，毫不奏效。

"胸藏万汇凭吞吐"，一定程度上，语言决定了教师的教育教学效果。

### （三）发挥教师作用，培养孩子的语言素养

教师是孩子最直接的模仿对象，教师的语言素养直接影响孩子语言素养的形成。幼儿教师经常在孩子面前自然表达意愿、诠释教养信息，孩子也能潜移默化地大胆、清楚、直接地表达自己的意愿。比如，善于表达自己想法的幼儿教师常常能带出一些敢于表达自己意见的孩子，词汇量丰富的教师带出的孩子也常常"语出惊人"。

爱不是挂在教师嘴边的口头禅，而是真情的对白、公正的评判、平等的对话。教师的每份鼓励、每个提醒、每次教导都传递着妈妈般的爱，温暖着孩子、影响着孩子，教师不是妈妈但胜似妈妈。

## 第三节　每个人都有脾气

在幼儿园里，教师是孩子的主要交流者之一。在日常活动中，教师随时随地有机会与孩子交谈，如在游戏时、吃点心时或是在阅读时等。教师的语言力量巨大，是连接教师与孩子心灵的中介，是拉近师幼关系最有力的工具。我们认真地反思平时是如何运用"语言"的？我们的"话"讲出来有收到预期的效果吗？

在与孩子们的朝夕相处中，师幼故事总在发生。作为幼儿教师的我们，每当听到他们的童言趣语总会忍俊不禁，每每与同行说起，定会如数家珍。但要反思的是，当孩子在为玩具发生争抢时，我们是否在用专业的语言来询问和诱导？面对班级孩子们在幼儿园中的小情绪，我们是否能懂？是否会运用教师专业的语言化解孩子们的矛盾和情绪，使他们快乐地回归集体活动中。

### 一、换位思考，平等对话——我懂你的小情绪

当我们看到孩子哭泣，最先想到的是如何让他停止哭泣吗？当我们发现某个孩子有不良习惯时，最先想到的是如何让他迅速戒掉这种习惯吗？也许，我们的第一反应都是以最快的方式解决这些问题，而忽略了对其背后缘由的探索。在解决问题之前，我们很容易忽略孩子渴望被理解的需求。

### 案例 9-3-1　找不到的"午餐播报"

时间：2019.10.17

观察幼儿：明明（大班）

观察地点：活动室

观察者：张老师

午餐时间就要到了，老师请今天的小值日生明明来做餐前播报。明明跑去拿自己制作的午餐播报（A4纸大小，图文并茂，讲解今日的午餐搭配，就主要食材进行简单的介绍），结果老师听到外面传来明明的哭声夹杂着大声地喊叫："我的播报找不到啦！我的播报找不到啦！"听到声音，老师拿过明明的书包帮他一起找，发现书包里确实没有。这时餐车来了，老师说："明明，咱们先吃饭吧，明天带过来再为小朋友们讲解吧！"这时明明变得更加暴躁了，直接躺在地上，边哭边喊："不行，不行，我是今天的小值日生。"

图 9-2　食谱播报图

见到这种状况，老师说："明明，我知道那是你认真准备的播报内容，你为了给小朋友们讲解画了好久，你一定想讲给小朋友们听，对吗？"听到老师的这句话，明明停止了哭喊。老师又问："没有你午餐播报的那张纸，你能记住你要讲解的内容吗？"他使劲地点了点头，迅速地从地上爬起来，擦干了眼泪，走到活动室的前面，开始了他的"午餐播报"："今天是2019年10月17日，星期五，天气晴，我们的午餐是炒面、大骨紫菜汤。主食炒面中的蔬菜类有甘蓝菜、香菇，还配有虾仁、猪肉、面条，甘蓝菜含有丰富的矿物质和微量元素，虾肉能很好地保护我们的心血管系统……"明明的讲解得到了小朋友们的掌声，他播报后坐下来心满意足地开始享受今天的午餐了。

（案例作者：张肖红　石家庄市第二幼儿园）

每个人都有自己的情绪，对于孩子们来说，掌控情绪并非易事，在上面的案例中，我们看到了暴躁的明明。同时也看到了一位聪明的教师，面对明明的"撒泼打滚"，教师能够换位思考，迅速捕捉到明明的情绪需求，教师的语言让明明感觉到自己是被理解的，进而轻松地解决了这次值日生播报风波。

与孩子对话，最重要的一步是判断孩子内心的需要是什么，站在孩子的角度来思考问题，接纳孩子的情绪和感受，进而平等地与孩子对话，将"善解人意"付诸实践，用言语传递给孩子，想孩子所想，说孩子所说，真正走进孩子的内心，事情往往会事半功倍。

## 二、你来讲，我来听——做你的朋友，听你讲故事

许多教师觉得："我很了解这个孩子，他想说什么我早就猜到了"，还有教师喜欢说："他就是这样的"，当你有这些想法时就无形中给孩子贴上了标签。当这些孩子发生问题时，教师会想当然地做出判断，于是就出现以下案例中的情况。

### 案例 9-3-2　我想把公交车贴好

时间：2019.05.23

观察幼儿：布布

观察地点：活动室

观察者：魏老师

活动室的北墙一米以下的位置是苗苗班的主题墙，墙上总是贴着孩子们自己画、剪、贴的图片。孩子们每每路过主题墙，都喜欢用手摸一摸墙上的图片，或者讲讲自己与这些图片的故事，有时候就是自言自语。因为经常被触摸，那些图片总是会损坏。一天上午，小朋友跑来告状说："老师，布布把公交车弄掉了。"魏老师走过来，发现墙上"公交车"的图片确实掉了，而布布的手里正拿着这张图片。这时，一些孩子也围了过来说，"就是布布弄掉的""他不听话"。布布委屈地说："不是我……"

这时魏老师想到平时布布的小手就闲不下来，总是摸摸这个小朋友、玩玩别人的水彩笔，便说："布布，把图片给我，请你坐回小椅子上。"布布就放下图片，回到座位坐好，午餐时间，魏老师发现他还一直坐着没有吃饭，便走过去，蹲下来问："布布，你怎么了？"布布沉默了一会，又说到："不是我。"这时魏老师发觉自己可能错怪了布布，老师说："那你能给我讲讲事情的经过吗？我想听。"布布这才开口说："我要去厕所的时候发现公交车掉了，我想把公交车贴好。"

（案例作者：张肖红　石家庄市第二幼儿园）

成尚荣在《儿童立场》一书中提到："教育的大智慧正是认识儿童，发现儿童，

促进儿童发展；教育的愚蠢和错误也正因为'儿童缺场'，对儿童的漠视和误读。"教育无小事，在我们和孩子朝夕相处的一日生活中，细小琐碎的事情每时每刻都在发生，教师也难免因为某种原因做出错误的判断。布布选择沉默和不吃饭来表达自己的小情绪，当遇到这样的孩子时，教师要做的是想办法让他表达自己的想法和需要。

与孩子对话，尤为重要的一点是倾听。倾听，要带着开放的态度，鼓励孩子讲。如果我们真的想聆听孩子的想法，就先尝试不打断、不反驳，等待孩子把话讲完。在这一过程中，我们教师要做的就是认真倾听。

### 三、抓住生活契机，提高师幼对话质量

生活中，我们常常见到这样的情形：当一个孩子哇哇大哭的时候，旁边的父母或教师总会提出一个其他的问题，转移其注意力。当孩子开始思考这一问题时，便停止了哭泣。语言是有魔法的，对话中的巧妙提问可以让孩子学会思考，当我们和孩子之间的对话开始了，孩子的思维便被调动起来了，理性就可以轻而易举地将冲动的情绪取代。高效地抛出问题，打开和孩子之间的对话，是处理情绪的开端。但现实中，相当多的幼儿教师并不是没有尊重孩子，也不是没有积极引导孩子交流，但由于缺乏相应的对话意识和教育能力，致使师幼之间的对话停留在低水平。因此，要想营造高质量的师幼对话，急需教师增强认识，提高自己的教育能力。

#### （一）教师要充分认识高质量对话的意义

当教师评价自己当前的师幼互动、试图提高对话质量时，一定要记住交流不仅对孩子的语言发展有极其重要的意义，而且有助于增强孩子的自信心、探索精神、对新环境的适应能力、认知能力及与同伴交往的能力，教师应当从更广泛的层面来考虑师幼对话对孩子发展的全面价值。

#### （二）教师要尊重孩子，建立平等的师幼对话关系

在师幼对话过程中，教师不再是高高在上的对话主宰的绝对权威者，而是对话中的一个引导者和参与者；孩子也不再是畏首畏尾的对话受控的被动接受者，而是对话中的自觉自愿表达个人想法的平等参与者和志同道合者。简言之，师幼双方应在对话中处于平等的主体地位，共同分享彼此的知识经验，相互交流情感体验，建构对客观世界的理解和对自我的认识，形成真正的师幼对话共同体。

#### （三）教师要基于日常观察了解孩子的兴趣需要

尊重孩子的兴趣，教师必须全面了解孩子，了解孩子的不同气质类型及其不同年龄特点，同时了解孩子的性格、爱好、兴趣等，做到因材施教。这些都要基于教

师日常扎实的观察。每个孩子都是一个独立的个体，是一个鲜活的生命。他们有自己的思维方式，有自己的想法，教师应该允许他们有自己的想法，尊重他们的想法。教师不是孩子成长发展的规划者和决定者，只是孩子兴趣发展的促进者和材料提供者，教师要尊重孩子的兴趣，让孩子自由选择自己的活动形式和表现方式，并引导孩子的兴趣得到正确良好的发展。

**（四）教师要增强自我反思能力**

反思能力是教师提高教育能力的重要保障。同样工作环境、同样知识背景的教师，其教育能力之所以差异很大，关键在于反思意识与反思能力的不同。如在进行阅读教学时，教师可以进行录音，以便事后分析师幼交谈水平的深浅，以进一步思考如何把有意义的情境体现在语言互动中；教师还可以把孩子典型的游戏中有代表性的谈话内容进行录像，以便今后的分析和调整。

总之，与孩子对话是一门学问，是值得教师必修的一门课。多倾听、平等对话、善用提问，解决孩子矛盾和冲突多用专业的语言引导，这样与孩子的对话才会变得有意义。语言是一门艺术，让我们一起用爱的语言打开与孩子对话的窗户吧！

# 第十章
## 做有"思想"的教育者

我们的生活就像旅行，思想是导游者；没有导游者，一切都会停止。目标会丧失，力量也会化为乌有。

——歌德

有思想的教育者把职业作为一种信仰，将教育科学与教育艺术完美融合，引领他人前行。高素养教师的发展途径是在先哲的教育智慧引领下做到学而思、思而行，在与孩子的互动中，构建自我内省、积淀成果的工作习惯，让自身的教育素质得到升华。

## 第一节　回归教育的本真

幼儿园一日生活中的每一项活动，对孩子身心全面发展都具有极其重要的价值，一日生活即教育，一日生活与孩子的发展密不可分。

幼儿园一日生活是一座宝藏，有待我们去挖掘，并转化为孩子成长的优质资源和精神财富。大自然赋予教育以根基，赋予生命以自然本色，让孩子在自然环境中自由发展，重"教"更重"育"，重"学"更重"习"。教育要在人类对大自然和人类自身的思考与探索中前行，孩子要在生命之初借大自然滋养个体精神，使之成为孩子一生成长的根基。

### 一、一日生活皆教育

对于幼儿教师来说，教育要渗透一日生活的各个环节，包括集体教学活动、区域活动、生活活动、自主活动及过渡环节。教育源于生活，生活贯穿教育，有好的生活就有好的教育。

生活即教育，是陶行知先生教育思想的精髓。他认为教育是从生活中来的，脱离生活、脱离劳动的传统教育，会阻碍孩子的身心发展。

时间：2020.11.05

观察幼儿：浩浩

观察地点：操场

观察者：王老师

早晨在园门口迎接孩子们入园的时候，小班的浩浩蹦蹦跳跳地走进刷卡通道，妈妈在后面紧追，浩浩进来后就往边上走，等着前面其他人走过去了，他很利索地走上甬路和绿地之间的低矮木桩，稳健地一直往前走。

图 10-1　走木桩的孩子们

妈妈赶紧跑过去，拉浩浩的手说："这个孩子不会好好走路，哪儿不平就往哪儿走！"浩浩不情愿地被妈妈拉下来。第二天，依然是这样子，今天浩浩更加利索，摆脱了妈妈的手，一直往前走，走过楼门口很远，又走了回来，才和妈妈一起走进教学楼。

（案例作者：王瑞莲　大厂回族自治县城区第二幼儿园）

《指南》中强调，"要珍视游戏和生活的独特价值，创设丰富的教育环境，合理安排一日生活，最大限度地支持和满足幼儿通过直接感知、实际操作和亲身体验获取经验的需要。"针对以上案例中的情境，我们可以创设"小勇士木桩路"区域，在甬路边缘和草地之间将圆木桩、木质条凳等插进土壤里，设计成直线形、S 形、X 形、O 形等，再设计制作孩子们一眼就能看懂的线路图和安全提示，这正好可以满足孩子们不怕困难、积极主动的探究需要。低矮的木桩还可以发展孩子们的身体平衡和协调能力，让他们体验和木桩做游戏的快乐。

时间：2020.04.29

观察幼儿：中班幼儿

观察地点：活动室和种植园

观察者：王老师

"五一"劳动节前夕，丽丽老师组织了音乐活动"劳动真快乐"，当讲到"农民伯伯"的时候，丽丽老师出示了很多劳动工具的图片，从孩子们疑惑的眼神中可以看出，他们对这些工具太陌生了，有的孩子说"这是积木"，有的孩子说"这是玩具中的造型"……这让丽丽老师有些手足无措，于是她边讲解工具的作用边启发孩子："小锄头的动作应该怎么展示呢？"孩子们一脸茫然，不知所措。

丽丽老师看到孩子们没反应，立刻改变计划，带着孩子们来到了"青青种植园"。孩子们拿起一件件劳动小工具，看了又看，试了又试，提出各种各样的动作、五花八门的姿势，孩子们还在真实体验中一起讨论着："它到底是干什么用的？是这么拿着吗？到底应该怎么使用它……"体验之后孩子们不再茫然，眼里充满了光亮并纷纷表达自己的想法。

（案例作者：王瑞莲　大厂回族自治县城区第二幼儿园）

案例中的孩子大多数只是在游戏性地模仿劳动，很少有真正亲身体验劳动的，图片和视频中的劳动场景离他们的生活甚是遥远。所以让孩子们走出活动室，拿起小锄头，参加真实的劳动体验才是最合适的！多种多样的种子，甚至是菜地里的泥土、浇水的小龙头，都会深深地吸引着孩子们。在自然的环境里，真实的场景中，亲自动手的操作下，孩子们的探索发现才最有价值。

## 二、"自然元素"与"本土文化"的融合

和孩子们一起走出屋子，走进大自然，实现和接受活教育，是一件多么快乐且令人神往的事情啊！

### （一）幼儿——田野中跃动的音符

就每个人的成长经历而言，家乡的田野、树林、河流、堤坝以及民间风俗等，在我们脑海中都是印象最深刻的，这反映了自然教育思想在我们成长中的根茎作用。因童年倍受大自然和本土文化的滋养，人才会有成长的永不枯竭的动力，基于此，让孩子们多亲近自然，拥抱自然，在人与自然和谐的相处中汲取营养吧！

例如，春天带着孩子们到田野里挖野菜。满地的荠菜看着灰扑扑的，可摘下来泡在水里却绿油油的，营养价值很高。荠菜和蒿子长得很像，我们要启发孩子仔细观察、区分后再摘，问问他们"柳树发芽了，摘下来看看，和老师用纸剪出的柳叶有什么不同呢？"；带他们观察农民伯伯犁地、播种、浇水的过程，试着参与进去，收获种植的心得，鼓励他们回来把幼儿园的小菜园种好；和他们一起到银杏林、樱花园去，一起观察银杏、桃花、樱花、梨花等的生长变化及它们的特性。夏天可以

带孩子们和泥、玩泥巴，捏塑造型；走进果园观察水果的生长过程，一个红彤彤的大苹果是经过怎样的生长过程到我们手里的。秋天可以带孩子走进果园、田地，和农民伯伯一起采摘果实，让他们认识金灿灿的玉米、红红的高粱、颗粒饱满的豆类、沉甸甸的谷子等；采摘苹果、葡萄等，让他们闻着香甜的果香，捧在手里看看和夏天来时有什么不同来感悟劳动的快乐。冬天可以带孩子堆雪人、打雪仗，感受冬的诗意；带他们走进蔬菜基地温室大棚，启发他们思考，寒冷的冬日里依然生长着绿油油的蔬菜、沉甸甸的果实是怎么回事。

走在田间的田埂上，投入大自然的怀抱里，新翻泥土的气息、草木和花的芳香，令人陶醉。孩子们顺手捡起的一片树叶、一根树枝、几根秸秆、几块石头……都是爱不释手的玩具，都会激发他们无限的创意。童年的玩具从来不需要多么华丽，快乐总是来的如此简单！

### （二）幼儿——社区中舞动的色彩

幼儿园要充分与家庭、社会联手，相互协调、通力合作、同向而行，从而更好地发挥育人的合力。为此，我们需要增强与家长之间的联系，联合家长一起带领孩子们走进社区，参与多种形式的社会实践活动。很多城市园所，特别是小区配套幼儿园，会积极联合家长开展社区实践活动，如社区公益宣传、社区志愿者服务、社区表演等。

### 案例 10-1-3　我是环保小卫士

时间：2020.06.12

观察幼儿：中三班幼儿

观察地点：小区方块

观察者：任老师

本月，中三班幼儿开展了"环保小卫士"主题活动。孩子们在活动开展中一致认为，既然要做小卫士，就应该真正付诸行动，特别是要让幼儿园所在的小区干净卫生。于是，老师通过"致家长的一封信"的形式，邀请爸爸妈妈们在今天接孩子们离园后，一起到小区广场及公共绿化场地开展"环保小卫士"行动。

他们所在小区的绿化种植很丰富，但草地上却时不时有垃圾出现；运动场很大，健身器材很多，但存在部分破损不能使用的情况。孩子们和爸爸妈妈一边捡起垃圾，一边讨论"这是哪一类垃圾""应该扔到哪个垃圾桶"。也有孩子在整理健身器材时提出疑问："为什么他们都坏了呀？怎么才能修好？"活动之后孩子们带着诸多问题回到幼儿园，如"灌木丛中的植物都不知道叫什么名字？""好多人会随手扔垃圾，怎么才能提醒人们不要随手乱丢？""为什么人们在扔垃圾时不能按照垃圾桶的提示分类投放？""健身器材该如何正确使用"……

针对小区之行发现的问题，老师带着孩子们迅速行动起来，一方面组织孩子们学习垃圾分类的相关知识，了解每一类垃圾该如何处理，可以怎样再次利用；另一方面组织孩子们讨论该如何进行环保宣传，让周围的人都能认识到环保的重要性。同时，针对小区里面公共设施被破坏的问题，孩子们也纷纷提出改善和维护公共设施，让小区的环境越来越好的建议。随着主题的不断深入，孩子们积极投身环保宣传活动。从此小区里多了一道亮丽的风景线——身穿"小小志愿者"服装、头戴小红帽的中三班小朋友，在爸爸妈妈的陪同下，给小区居民发放环保倡议书、做垃圾分类现场实地讲解、给植物挂相关介绍的小标牌、在绿地里插自制的环保小木牌、给健身器材贴正确使用方法以及日常维护的温馨提示……孩子们通过此次社区实践活动，做起了社区的小主人。

（案例作者：任海霞　保定市青年路幼儿园）

孩子积极参与社区活动，不仅能够获得多方面的成长与提升，如语言表达能力、自信心、交往能力等，更重要的是能够增强社会意识和责任感，能够认识到自己是社区的一员，是社会的一分子，身边的人和物、环境和资源都和自己息息相关。教师要在确保安全的前提下，加强与社区的联系，携手家长有效利用社区资源开展课程，真正实现家校社协同育人。

### （三）幼儿——本土文化的传承者

为了更好地进行文化传承，我们需要对本土文化资源进行深入挖掘，开发本土文化课程，让孩子有根地发展。

我们可以带着孩子们走近历史文化，邀请文化名人、曲艺艺人、花丝镶嵌艺人、蹦蹦戏班、河北梆子戏班、名震京东的吹鼓手、小车会、高跷会等入园为孩子们讲解、表演，利用节日契机组织主题活动让孩子们感受、传承和发扬本土文化。我们可以整理民间歌谣，将这些朗朗上口的歌谣汇集起来，让孩子们欣赏、传唱，这些由本土文化衍生出来的教育资源，是绵延不绝的民间教育智慧，能陪伴孩子们成长。

固其根本以求木之长，浚其泉源以求流之远。让我们汇聚全体教师的智慧，去采撷自然与社会中的教育元素，汲取华夏民族的文化精华，开发出受众面广、内涵丰富的活动，融入孩子的一日生活，让孩子拥有强健的体魄、健康的心理、优秀的品质，树立文化自信，让教育"活"起来，让教育回归本真！

## 第二节　孩子是游戏的主角

　　幼儿园阶段，孩子正处于自主性发展的关键时期，如何才能让游戏活动更好地促进他们自主能力的发展呢？为了孩子能够按自己的意愿进行自主游戏，教师要创造条件让孩子拥有更多自主选择、自由探索的权利，给孩子提供更充足的时间和空间进行游戏，从而发挥游戏的最大教育功效。

### 一、定位教师"角色"，把主动权交给游戏的"主角"

　　自主游戏即孩子在一定的游戏环境中根据自己的兴趣和需要，以快乐和满足为目的，自由选择、自主开展、自发交流的积极主动的活动过程。

　　在游戏中，教师应准确定位自身的角色，即游戏的观察者、支持者、合作者，充分体现教育价值；要在尊重孩子游戏意愿的前提下，通过巧妙的启发式引导，帮助孩子获得相应的经验，发展能力。

### 案例 10-2-1　谁是主角

　　时间：2019.10.10

　　观察幼儿：曦曦

　　观察地点：操场

　　观察者：王老师

　　张老师、杨老师带着孩子们开始了炭烧积木活动。一组的俊俊和小朋友们在进行平铺练习，当曦曦把一块较长的积木摆在了长方形边缘的时候，俊俊看到了，说："这个不能摆这里，多出来了。"说着就把曦曦刚放好的积木拿到了一边，曦曦非常不高兴，激动地站起来大喊："老师！俊俊把我刚摆好的积木拆了！"杨老师听后对曦曦说："俊俊是设计师，你应该听从他的指挥。"曦曦没有说话，耷拉着脸走开了。

图 10-2　拿长方形积木的曦曦

图 10-3　曦曦和兰兰在争论

　　平铺练习完成后，孩子们进行自由搭建游乐场活动，完成游乐场的底部后，只见兰兰拿起一块大弯曲积木说："看！这个可以当屋顶！"曦曦则拿了一块三角形积木说："用这个才对！"兰兰说："不！我去过游乐场，就是这样的大弯曲。"又转身大声地对杨老师说："老师，我想用圆的大弯曲，可是曦曦不让我搭！"杨老师听到后说："这个问题你们自己想办法解决吧！"一分

图 10-4  两个不同形状的屋顶

钟后，曦曦走到兰兰耳边小声嘀咕了半分钟，两人一齐拿着积木过来，分别用大弯曲和三角形做了两个不同的房顶，杨老师给他俩投去赞许的目光。

（案例作者：王瑞莲  大厂回族自治县城区第二幼儿园）

在日常游戏中，发生矛盾时孩子往往用向教师告状或其他攻击性的行为解决。平铺游戏中，杨老师以领导者的身份控制游戏的进程，曦曦的自主尝试行为在俊俊的否定和杨老师的认同否定中被扼杀了，粗暴简单的中断导致曦曦无法再融入游戏中，让游戏失去了本身的意义。

在接下来构建游乐场的游戏中，杨老师成了观察者，把游戏的主题、规则完全交给孩子。当兰兰和曦曦发生争执后，兰兰不假思索地选择向教师告状，杨老师不批评、不干预，让"主角"曦曦自己想办法，她主动与兰兰协商，在两位小朋友的小声嘀咕中，房顶的问题得到了解决，两个孩子心理上、行为上、知识上都得到了满足。遇到矛盾也要自己想办法解决，让孩子的固有思维被打破了，他们能全身心地融入游戏并感受游戏的快乐了。

**（一）尊重孩子游戏的自主性是第一位**

第一次介入孩子的游戏时，杨老师为了维护"正常的活动秩序和游戏规则"，强调"俊俊是设计师，你应该听俊俊的"，限制了曦曦的自主游戏行为。那么，在游戏活动中，教师如何最大程度地尊重孩子的自主行为呢？作为游戏的观察者、支持者与合作者，教师应努力理解孩子的想法与感受，支持、鼓励孩子在游戏中的自主行为。例如，在平铺游戏中，杨老师首先应耐心倾听曦曦的想法，若有必要，可以引导曦曦再单独成立一组，由其担任设计师，这样既维护了游戏规则，又尊重和支持了曦曦的尝试行为，促进了其自主能力以及个性的发展，保护了孩子的自主游戏欲望。

**（二）交流促进孩子社会性的发展**

幼儿园阶段，孩子的社会性开始萌芽了，他们喜欢伙伴，喜欢团体游戏活动，

但同时心理发展又处于"自我中心"阶段，缺乏经验而不知道如何与人正确交往。《指南》中建议教师应多为孩子提供协商合作的机会。今天的游戏中，当曦曦和兰兰发生争执时，杨老师并未立即充当"裁判员"的角色，而是给予了适时的引导，提出了协商解决的建议。当她们合作解决问题后，杨老师及时用赞许的目光对她们的行为给予了肯定和鼓励，从而进一步强化了她们的协商合作意识。

游戏活动为孩子的频繁交往提供了充分条件，他们开始意识到与人交流的重要性，当他们发现同伴侵犯自己的利益或同伴的行为与自己的意愿发生冲突时，他们能自觉地进行自主协商，表现出合作行为。

面对游戏的这两种结果，我们幼儿教师应该领悟到：游戏时间是完整的，游戏过程是顺利的，游戏主导权是孩子的，才能称之为孩子的游戏。初时，杨老师俨然成了"导演"，严守游戏规则，剥夺了孩子自我体验、自主创造的权利，导致孩子自主游戏的积极性受到挫伤。之后，杨老师也意识到自己的问题，及时将自己定位为"观察者和引导者"，在不干扰孩子自主游戏的前提下，启发孩子克服困难、解决问题，所以他们在游戏中主动交流、自信满满、兴趣盎然。

## 二、有准备的环境，为孩子的游戏提供有力支持

### 案例 10-2-2　探索之门由谁开启

时间：2021.03.18

观察幼儿："队长"和凯楠等

观察地点：操场

观察者：王老师

这是一次有准备的游戏活动……

穿黑色运动服的小男孩（队长）带领一组孩子拼接操作台，其他几个孩子都按照他的想法寻找所要的玩具零部件。他们很快就找好了游戏所需的零部件，一起动手将手摇升梯、环形立交桥、凹陷障碍路面、路面弯道、连杆翘板凹槽、滚轮储球器、成功之门等零部件按顺序连接好，用卡口卡住，也做好底部支撑柱。

玩具拼插好了，"队长"负责滚轮储球器，慧慧负责手摇升梯，雨晨负责凹陷障碍路面，梓涵负责连杆翘板凹槽的控制，他们开始了运送小球的游戏。凯楠在一旁认真地看小球在"公路"上滚动……目不转睛。

"队长"并没有一直占据滚轮储球器的游戏位置，一轮游戏结束后，慧慧换到"队长"的位置负责滚轮储球器，雨晨和梓涵依旧分别控制凹陷障碍路面、连杆翘板凹槽，凯楠参与游戏，负责控制手摇升梯，他们开始了第二轮运送小球的游戏。

游戏再次启动，凯楠摇动手柄，利用曲轴的传送作用，将小球由下而上逐级运上台阶，传送到滑道上。过了环形立交桥，雨晨托动顶杆填平凹陷路面，让小球顺利通过。接着，梓涵推动连杆，使翘板形成反向倾斜，让小球继续前进。当小球进入滚轮小洞，慧慧摇动手柄，使滚轮顺时针方向转动，将小球送入下一节坡道。最后，小球冲关成功，进入成功之门。过了成功之门，小球又重复之前的旅程。

　　这时，只听见"啪"的一声，一个小球从"公路"上掉落下来，"队长"眼疾手快，捡了回来，放回到"公路"上。

　　小球在"公路"上高速运行，"嗒嗒嗒……"几个小球连续掉落，梓涵抱怨说："太多了。""队长"快速捡回小球，放到"公路"上，说："已经够快了，慢一点行吗？"

　　这时凯楠放慢了摇动手柄的速度，雨晨也不再让过多的小球停留在凹陷路面上，连续托动顶杆填平凹陷路面，分多次运送，让小球顺利通过。

（案例作者：王瑞莲　大厂回族自治县城区第二幼儿园）


　　孩子们在游戏中感知操作机械的速度会引起小球运动速度的变化，他们真正地体会了游戏就是学习！

　　穿黑衣服的"队长"是游戏的主体，其他几个孩子在"队长"的带领下，通过团队合作完成玩具的拼插，让五光十色的小球在"公路"上滚动。孩子们在玩的过程中，解决了分配游戏角色、小球掉落等问题，他们的空间思维能力、语言表达能力、团队协作能力、反应能力、注意力和社会交往能力都得到了提升。例如，游戏过程中两次冲突的解决。

　　第一次冲突：及时捡回掉落的小球。当雨晨操作不当，致使小球滑出轨道时，"队长"没有任何言语，快速捡回。显然，他一直认真地观察团队成员的操作，有一种责任感，就是自己没有操作机械，也是游戏中的一部分。

　　第二次冲突：用语言解决。游戏进行时，更多的小球掉落，梓涵有了抱怨："太多了。""队长"在第一时间捡回小球，用简单的语言、平缓的语气说出解决问题的办法。他说："已经够快了，慢一点行吗？"他能用语言清楚地表达，体现了大班团队游戏中要培养的社会交往技能。

　　我们要为孩子准备可操作的材料，方便他们随时取用。例如，在本案例中，游戏活动的材料是孩子们最感兴趣的简单机械，在科学探索区，每个零部件都有对照卡，方便孩子取放和归位，方便孩子游戏活动中的自由组合。有准备的环境为孩子形成物体形状概念提供了支持，孩子在游戏中能慢慢感知和对应，在图片、实物、位置能对应后，随着游戏的深入，他们的自主游戏能力也会大大提升。

### 三、提升游戏质量——教师与幼儿共同成长

游戏活动应以孩子的自主游戏、自主发展为目标，着重培养孩子的主体意识、创新精神和实践能力。玩教具"球宝宝的旅行"与孩子日常生活中的常见事物密切联系，所有的零部件拆装简单，孩子们在游戏中可以自由组合，这有利于孩子的发散性思维及多样性思维和自主创新能力的培养。游戏活动紧紧围绕"自主、探究、合作"这三个主题，可以培养孩子的综合素质，让孩子的主体作用得到充分的发挥。这些玩教具在给孩子带来无穷快乐的同时，还能给孩子带来更多的自信心和成就感。

孩子的一举一动都是他们特有的语言，关注、欣赏、接纳，教师才能试着读懂孩子。面对孩子的种种表现，教师需要领悟：游戏的主角是孩子。这样，才能对自己在游戏活动中扮演的角色、起到的作用进行有效的思考，发现工作中的问题与不足，并及时做出调整和改进，更好地支持孩子发展，真正为孩子插上一对探索的翅膀。

## 第三节　健康是成长的基石

经济发展了，生活水平提高了；营养上去了，身高增长了；同时超重、近视等问题也多了。我们教师应作为孩子们的玩伴，真诚地站到他们的队伍里，领他们走向操场，走进大自然，走到阳光下强身健体，快乐成长！

### 一、"我要走出去"——做太阳的孩子

爱玩儿是孩子的天性，游戏是孩子的基本活动，所以放开手，走出去，让孩子们在成长过程中享受阳光的哺育、运动的乐趣。下面，带你走进秋冬季的户外活动中，一起感受运动游戏的魅力吧！

#### 案例 10-3-1　杂技小演员

时间：2020.04.18

观察幼儿：婉儿、雨音、欣妍、彤彤

观察地点：户外操场

观察者：寇老师

今年的冬天有些冷，尤其在大山里，即使是艳阳高照的日子，室外的气温仍然很低。可是生活在赵各庄学区的孩子们一点也不怕冷，上午还没到十点钟，他们就

嚷嚷着要去外面用新做的毽子玩"杂技小演员"的游戏。

他们先商量好了游戏规则，然后就开始了游戏。

婉儿和其他几个小朋友为一组，他们学做杂技演员，把毽子顶在头上，比赛看谁第一个从操场这头走到那头，走得又稳又快的就赢了。

比赛开始了，可是婉儿头上的毽子总是掉下来。雨音看到了，说："把头顶的头发给拆开。""可是那样头发就乱了，这个办法不行，"欣妍说，"把毽子放在肩膀上，""可是游戏规则是放在头顶上，这个方法也不行，"彤彤也过来帮忙说，"把毽子调换一下位置，让帽儿朝下，这样毽子就掉不下来了。"婉儿按着彤彤说的方法把毽子的帽儿朝下放在头顶，双臂展开快速向前方走去，毽子果真没有掉下来。

当婉儿走到终点的时候，大家都高兴地笑了起来。

（案例作者：寇志爽　涞水县赵各庄学区蓬头幼儿园）


天气虽然寒冷，但没能阻挡住孩子们渴望户外游戏的热情。是什么在吸引他们？是什么牵引着他们探索的脚步呢？

### （一）"角色"的出现让体育游戏更趋于真实

角色游戏是孩子在活动中通过模仿、想象来扮演角色，创造性地再现现实生活的一种游戏，是孩子们最喜欢的游戏之一。在案例中，孩子们把自己想象为杂技演员，把毽子顶在头顶，在快速运动中尝试保持身体的平衡，以免毽子跌落。这是由于"杂技演员"这种角色的加入，让游戏变得更加有趣，也更加充满挑战，让每个孩子都能浸入其中，将自己全部精力都融入游戏里，从而促进他们身体协调能力的发展。

### （二）"问题"的出现让孩子收获更多乐趣

游戏中，为了能够帮助毽子更加平稳地待在头顶上，孩子们给婉儿出了很多建议，如"把头上的辫子松开""把毽子放在肩膀上"，但是通过思考后，这些建议又被一一否决了。之所以产生这样的状况，就是大家意识到遵守良俗公序和游戏规则的重要性——婉儿不能披头散发地参与游戏或违反游戏规则，这样的做法是不恰当的。之后他们又通过思考改变了策略，让婉儿通过调整毽子的放置方式来寻求最平稳的角度，以便达成不掉下来的结果。通过实践，她们成功了。

在这样的过程中，孩子们为了解决"婉儿头上的毽子总掉下来"的问题，通过思考、研究、实践等方式来寻找最佳的解决办法，不仅交流了思想，激发了反思，同时也达成了统一的共识，帮助同伴顺利完成了比赛。看似简单的户外游戏，不仅锻炼了孩子们的平衡能力，还成为他们主动学习的场所、深入思考的场所。

## 二、"我要跑起来"——做风儿的朋友

游戏可以启动孩子的思维，调动孩子学习的积极性，进而使孩子养成规律运动以锻炼身体的习惯。为孩子们准备丰富的道具和适宜的环境，创造出多方面的生活体验，最大限度地支持和满足他们通过直接感知、实际操作和亲身体验获取经验的需求吧！动起来，跑起来，让孩子们在良好的环境中自由地奔跑，尽情地游戏！

### 案例 10-3-2　飞翔的太阳伞

时间：2020.12.03

观察幼儿：旭旭等

观察地点：多功能大厅

观察者：王老师

杨老师和张老师把太阳伞对折，一人拉住一边，面向孩子，孩子们站在对面，两位老师拉起太阳伞向孩子们跑过去，太阳伞飘起来，孩子们开始疑惑了，没有动。当老师们跑到中间时，一名叫初一的小女孩最先反应过来，迎着老师笑着跑过去，从太阳伞下穿过去，其他孩子也跟着跑过去，玩起了"捉空气"的游戏。旭旭在跑的时候不小心摔倒了，但她没有哭，爬起来摸摸膝盖，就和小朋友们接着玩了。孩子们奔跑着，欢笑着。

图 10-5　飞翔的太阳伞

游戏结束后，杨老师和张老师拿着太阳伞来到场地中央，小朋友们没等老师说话也抢着拉住太阳伞的边缘，杨老师说："举起！"小朋友们就举得高高的，太阳伞向上鼓起。杨老师说："落下！"小朋友们就放下太阳伞。反复几次，初一、旭旭、轩轩和几个小朋友松开手向伞下爬进去，太阳伞落下的时候又爬出来，越来越多的小朋友跟着爬进爬出，叫着，笑着，欢声一片。

（案例作者：王瑞莲　大厂回族自治县城区第二幼儿园）

幼儿教师担心出差错，只在小范围内活动；家长也怕孩子摔着、碰着，不让孩子跑、跳，长此以往，孩子们怎么有能力控制自己的身体？跑、跳、钻、爬等技能如何提高？他们的安全又拿什么来保障？但是，我们不能剥夺孩子们学习自我保护的机会，如在旭旭摔倒后的反应，人为地设置一些问题情境，引导孩子设想出各种

自救方法，提高孩子的自我保护能力，让他们即便真正遇到危险也不惊慌，能机动灵活地处理。杨老师改编的"太阳伞"游戏，以它绚丽的色彩吸引着孩子们，"太阳伞"飘起来的动态让孩子们开心追逐，无形中满足了孩子们对爬、跑、钻等技能的训练需要，达到体能训练的目的。

在实施体育游戏的过程中，我们要让孩子积极主动的参与，达成自主性锻炼的目标。

### 三、"我强壮起来"——做大自然的主人

体能训练主要是孩子的基本身体动作（主要指走、跑、跳跃、投掷、平衡、钻爬、攀岩等）和基本身体素质（速度、力量、耐力、柔韧性、灵敏性等）的练习。这并不需要多么复杂的器械，一根跳绳、一段台阶，甚至是一些小小的障碍物都能激发孩子锻炼的内在动力。

### 案例 10-3-3　丛林野战

时间：2020.11.27

观察幼儿：大一班幼儿

观察地点：操场

观察者：王老师

小朋友迷上了军旅剧，对剧中特种兵的不凡身手羡慕不已！根据这一兴趣点，郭老师结合孩子的已有知识经验，设计了有挑战性的故事情境对孩子进行钻、爬、跳跃动作的训练，发展他们的腿部力量及平衡、协调能力。

冬日的上午有微风有太阳，孩子们穿好羽绒坎肩儿，带好小手套，有序地出发了。"大自然中有暖阳也有寒冷，孩子们快快运动起来吧！"郭老师这样鼓励着孩子们，大家一起做着热身运动。

操场上不同于以往的器材引起了孩子们的注意，"这个爬网是迷彩的，好漂亮！""这里还有两条线是什么呢？""看，地上有很多带刺的东西，会不会扎人？"……孩子们七嘴八舌地议论着，郭老师的"丛林探险"故事由此展开了，孩子们瞪大眼睛听着，穿越封锁线，躲避红外线，跨过障碍物。男孩纷纷举手先去尝试，这样就自然分成了两组，孩子们有出主意的、有动手尝试的、有帮忙的……郭老师站在一旁，适时强调钻、爬、跳的动作要领。

（案例作者：王瑞莲　大厂回族自治县城区第二幼儿园）

教师要遵循孩子的生长发育规律和体育运动规律，通过体育技巧训练、户外体

育游戏等多元化的训练方式来促进孩子健康成长。案例中，那个微微寒冷的冬日丝毫没有影响孩子们活动的热情。教师以孩子为主体，以"运动技能""运动参与"为主要目标，提高孩子的体能与体育技巧，着重培养孩子的主体意识、创新精神和实践能力，让孩子自己发现问题，寻找解决问题的办法，采用尝试、启发、点拨等方法，使孩子对新动作有了总体的了解，同时根据孩子的不同水平，让孩子自主选择辅助练习，完善技能的不同练习方法。

《指南》指出："健康是指人在身体、心理和社会适应方面的良好状态。幼儿阶段是儿童身体发育和机能发展极为迅速的时期，也是形成安全感和乐观态度的重要阶段。发育良好的身体、愉快的情绪、强健的体质、协调的动作、良好的生活习惯和基本生活能力是幼儿身心健康的重要标志，也是其它领域学习与发展的基础。"可见，体育活动对幼儿健康成长的影响是全方位、多维度、立体化的。

体育活动早已成为追求个人目标和享受生活的载体与动力，孩子的健康成长离不开良好的健康习惯。幼儿园要在"健康第一"的指导思想下形成独特的园所体育文化氛围，让体育活动在孩子生活中占据主体地位，让体育精神对孩子人生历程达到持久影响，让体育竞技在孩子个性成长中得到全面体现。我们不能因为怕孩子冻着而放弃带他们到户外活动，也不能因为嫌穿脱衣服麻烦而减少他们的活动时间和活动量。如此浸润式的体育活动，必将成为他们身心健康成长的源泉和基石！

## 第四节　从背影到对面的转变

斯科特·派克说过："父母真正成功的爱，就是让孩子尽早作为一个独立的个体从生命中分离出去，这种分离越早，父母就越成功。"父母把孩子当成太阳，以他为中心；孩子把父母当成大树，是他们最坚实的依靠。当孩子从熟悉的家走向陌生的幼儿园，这是一场挑战、一种考验……这场"奔赴成长的赶考"不仅在考验孩子，也在考验家长、教师。

### 一、孩子渐行渐远的背影，是成长的开始

又是一年入园季。初秋的早晨，阳光明媚，但对于初入园的孩子来说，与亲密的家人分离却是一件难以接受的事，他们的心情难免忐忑不安。为了让孩子尽快远离入园焦虑，我们可以在健康领域开展一些有益的活动，从而保证孩子的身心健康。

## 案例10-4-1　惊天动地的哭声与隐忍的轻声啜泣

时间：2020.09.15

观察幼儿：月月、暖暖

观察地点：活动室

观察者：王老师

赵老师在小班开展"远离焦虑、快乐入园"的健康活动。活动中，赵老师先播放了一段月月和暖暖的入园视频：月月小朋友在号啕大哭，紧紧地抱着妈妈的脖子，不愿放手，嘴里还不停地说着"我要去姥姥家，我要去姥姥家……"死死抱住妈妈不肯放手。

与月月不同，暖暖在离开妈妈进园时，眼睛红红的，小手轻轻地擦着眼角的泪珠，轻声跟老师说"老师，早上好！我吃过早饭了……"一步三回头，泪眼婆婆的。

接着，赵老师又播放了中大班小朋友快乐有序的入园视频：只见小朋友们脸上洋溢着幸福的笑容，开心地与园长打招呼，"园长妈妈好、园长妈妈早上好……"稚嫩而礼貌的声音不绝于耳。

月月一边看着视频中的自己，一边和同桌硕硕说着什么，而暖暖则小脸绯红。这时，赵老师拉着月月和暖暖的小手，亲切地说："小朋友们，月月和暖暖都没有错呦！是想爸爸妈妈、爱爸爸妈妈的表现。但是我们要怎么才能像哥哥姐姐那样高兴地来园呢？我们去采访他们吧？"

他们来到大班，赵老师将所有孩子混龄分组，之后是互相认识、集体讨论、混龄游戏等环节，月月在哥哥姐姐的带领下，十分投入地参与活动，暖暖说："他好像我的哥哥一样。"等他们进一步熟悉之后，就进入"入园礼仪活动"的自由讨论时间段。赵老师听到暖暖对旁边的小朋友轻声说："明天你能在幼儿园门口等等我嘛？"而月月则大声对旁边的姐姐说："我要像你一样，自己进园，跟园长妈妈问好……"

第二天，在园门口：月月妈妈也做好了自己的心理建设，用淡定的表情和坚定的语气对月月说："月月，现在是上幼儿园的时间了，要好好跟老师和小朋友一起玩，妈妈下午四点半下班，保证会准时来接月月的。"最后，开心地跟月月说："再见！宝贝！"月月看着妈妈离去的背影，在老师温柔的引导下，第一次独自走进了幼儿园，走进了活动室……

（案例作者：王瑞莲　大厂回族自治县城区第二幼儿园）

月月和暖暖都是刚入园，面对全然陌生的环境及教师和小朋友，难免会产生抗拒的心理，被焦虑与不安包围。然而，这是他们成长过程中必不可少的经历。当在幼儿园门口挥手告别的那一刻，爸爸妈妈就应该意识到孩子要独立成长，要慢慢学着适应没有爸爸妈妈时刻陪在身边的日子。在这个过程中，孩子也慢慢懂得从内心视自己为独立的个体，适应全新的生活环境，学会与教师、小朋友交流。

## 二、教师亲切有爱的付出，是孩子成长的桥梁

### （一）教师特有的亲和力，打破陌生的壁垒

相比优越的园所环境，教师的亲和力和感染力对孩子来说更为重要。《指南》中指出："家庭、幼儿园和社会应共同努力，为幼儿创设温暖、关爱、平等的家庭和集体生活氛围。"教师可以用相机记录下每个孩子独立完成第一次喝水、吃饭、午睡、如厕的瞬间，通过新生入园会，让家长看到自己的孩子及同伴在幼儿园的表现，让家长由衷地信任教师、信任幼儿园。家长与教师良好的关系可以让孩子在潜移默化中与教师建立信任关系，消除两者之间陌生的壁垒。教师用温暖的笑容、亲切的拥抱、温柔的语言和真诚自然的爱给予孩子安慰、亲近，让孩子对教师产生依恋，真正做到"老师像妈妈一样"，让孩子在温暖、平等、宽松的心境下适应幼儿园集体生活。

### （二）温馨的环境创设，回归生活的本真

《纲要》中指出："环境是重要的教育资源，应通过环境的创设和利用，有效地促进幼儿的发展。"为了让孩子尽快喜欢上幼儿园、教师和小朋友，教师应尽可能地创设熟悉的、温馨的"家"的氛围。首先，教师要通过家访、入园会等活动，尽可能多地了解孩子的生活习惯、兴趣爱好，鼓励孩子把自己最喜爱的"依恋物"——玩具、家庭合影、毛绒玩具，甚至是小被子，带到班级创设的区角"娃娃家"中，给予孩子家的感觉，让孩子在"娃娃家"的区域活动中交流、游戏，找到好朋友，初步完成从自然人到"小小社会人"的转变。

其次，教师要充分利用幼儿园活动室墙面、区域及良好的自然环境，为孩子创设有利于孩子发展的"会说话"的墙面、"丰富多彩"的活动区和大型户外活动区域，让孩子的世界更大、更新奇，变成充满魔力的"发现"王国。如"青青种植园"可以让孩子们走进田野，动手播种、观察，体会付出与收获的快乐，再把收获的蔬菜、水果送进"五谷仓满园"的区域，讲讲、听听、摸摸、问问。以迷宫地形呈现的"赤足区"，让孩子的双脚裸露在阳光下，让他们无拘无束地走路，同时迷宫中的立体空间关系体验活动，也激发着孩子们的探索欲望。让孩子被幼

儿园新奇的环境所感染，提升他们探索、交流、合作的兴趣，从而爱上幼儿园以及班集体的生活吧！

## 三、孩子勇敢独立的面对，是成长的徽章

时间：2020.09.29

观察幼儿：月月

观察地点：益智区

观察者：王老师

小班幼儿入园两周了，他们已经逐步适应了幼儿园的集体生活，早晨来园主动跟老师问好，独自走进自己的班级，有时遇到同班的小朋友在哭，就主动牵起手俩人一起进班。

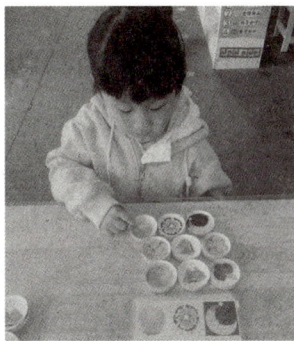

图 10-6　甜品大师游戏

今天的区域活动时间，月月带着旭旭、阳阳和睿睿一起来到益智区，她们选择了桌面游戏"甜品大师"。月月将甜品拼图卡放在桌子中间，让小伙伴分别从自己的角度观看拼图卡的排列顺序，说："大家看好哦，我要按铃了。"当月月按动抢答铃，四人同时按照拼图卡的排列顺序摆放自己的甜品模具。

"我拼完了！"最先拼摆完成的阳阳一边按铃一边说。然后，月月带他们一起检查阳阳的拼摆是否正确。她认真地用左手指着中间的甜品拼图卡，右手指着阳阳拼好的图片，一行一行仔细检查，最后大声地宣布："阳阳获胜！我们再赛一次。"孩子们接着又开始了下一轮竞赛……

（案例作者：王瑞莲　大厂回族自治县城区第二幼儿园）

月月在游戏中的表现，让我看到孩子在离开爸爸妈妈独自面对集体生活后，开始有了竞争意识和合作意识。她们会选择自己喜欢的玩具、玩伴，也能与三五个小朋友一起开展合作性游戏，敢于表达自己的看法，做出自己的判断。

### （一）游戏凝聚团体精神，助力成长之苗

陈鹤琴认为"游戏是儿童的生命"。强健的身体、活泼的精神、敏锐的头脑、高尚的品德皆可从游戏中得来。而与孩子朝夕相处、具备专业素质的教师了解孩子

身心发展的特点和兴趣点，更应组织贴近教育主题、富有趣味性的游戏活动，甚至可以让孩子主动地调动已有的生活经验，不断地变化方法实验、探索游戏的新玩法。游戏活动在幼儿园的开展，既缓解孩子的焦虑情绪，又培养孩子的专注力、动手操作能力。

**（二）活动承载社会属性，展露小小才华**

孩子的眼界取决于教师、家长和社会给他的世界。

《纲要》要求"幼儿园应与家庭、社区密切合作，与小学相互衔接，综合利用各种教育资源，共同为幼儿的发展创造良好的条件。"来到幼儿园，孩子们就要积极参与幼儿园、教师打造的各种活动，潜移默化地接受文化、艺术、品德的熏陶了。

园长妈妈陪餐活动可以拉近园长妈妈和孩子们的距离。园长妈妈与孩子们进行交谈，耐心地了解孩子们的喜好，面对餐桌旁的"大人物"——园长妈妈，孩子们也非常开心，逐渐适应与园长妈妈一起分享午餐、愉快地交谈。孩子们逐渐变得能勇敢地表达自己的见解，并且自信满满……

我们要引导孩子积极参与各种公益活动，这样他们可以与不同领域的人交流，并表达自己对他们的尊敬、关心与崇拜，收获人生中一笔宝贵的财富。如组织孩子们为环卫工人送暖心姜枣茶，让他们感受环卫工人的辛苦与奉献；组织孩子们为退役军人送鲜花，让他们见证军人叔叔阿姨们的飒爽英姿和"退伍不褪色"的奉献精神。

开展"我自己，可以的"独立完成系列活动，让孩子们在活动中懂得珍惜、学会感恩，如接送方式变成"我自己上下学"，户外活动变成"我自己做游戏"，教师只负责游戏观察、安全提示，进餐活动也变成"我自己吃饭"，自己盛饭菜，并做到不剩饭菜、爱惜粮食。

从背影到对面的转变，分离的代言词不再是哭泣、焦虑、问题、痛苦，而是独立成长带来的更完美的自己，勇敢、自信、健康、聪慧，像一枚枚闪亮的徽章在孩子身上闪耀。他们变得独立，能用自己的双脚走出坚定的步伐；他们能勇敢地面对，用自己的双臂拥抱未来。

## 第五节　格物以明理，致知方笃行

"格物致知"出自《礼记·大学》"致知在格物""物格而后知至"，意为探究事物原理而获得智慧和知识。"笃行"出自《礼记·中庸》"博学之，审问之，慎思之，明辨之，笃行之"，意谓坚持不懈、踏踏实实地实践。

王阳明认为"格物"是格"心中之物"，就是把心里的东西去掉。而他之前的理学家朱熹对格物的理解则是"对外在事物的探究和了解"。

其实，王阳明讲的"格内心之物"和朱熹讲的"格外在之物"是统一的，都是指通过外面的事物知道自己，了解自己内心的想法，进而改变自己，而我们对于孩子的观察亦如此。熟悉不等于认识，认识不等于了解。唯有在实践中观察与反思，我们才能真正认识、了解孩子，支持孩子的发展。

## 一、"教师视角"到"儿童视角"的转变

"儿童视角"是指"小说借助儿童的眼光或口吻来讲述故事，故事的呈现过程具有鲜明的儿童思维的特征"。落实到教育教学中，可以理解为"成人需站在儿童的视角，用儿童的双眼去看待周围的事物，让自己像儿童那样去观察、去倾听、去思考，用儿童的兴趣去探寻，用儿童的情感去热爱……"，即"听儿童所听、见儿童所见、思儿童所思、感儿童所感"。

从"教师视角"转向"儿童视角"是教师立场的转变，更是教育观念的转变。而这样的改变，是观察孩子所带来的最重要的结果。

### 案例 10-5-1　美工区的松塔

时间：2019.12.16

观察幼儿：依依、琼琼、鑫鑫

观察地点：班级活动室

观察者：王老师

最近一段时间，幼儿园请家长帮忙搜集一些自然材料用来装饰班级活动室。中班的家长给带了几支绿松枝来，上面有几个绿色的松塔，张老师把松枝插在美工区的土花盆里。

有一天，依依发现树上的绿松塔消失不见了！他赶紧跑过来告诉张老师。张老师没有直接告诉依依答案，而是和他一起来到美工区，对松枝进行观察："是呀！树上的绿松塔上哪里去了呢？"张老师的关注，引发了其他小朋友的兴趣，大家围拢过来。依依观察得更仔细了，他看了看松枝上挂着的几个棕色的松塔，说："难到是绿色的松塔变成棕色了吗？"他一边用手摸了摸最下面的一个松塔，放在鼻子下闻了闻，然后，恍然大悟地说："它们变成干的松塔了。"

张老师感到很好奇："为什么绿色的松塔会变成干松塔呢？"琼琼说："因为我

们没有给松塔浇水，所以它就变干了。"依依说："也许是这几天刮风，把它吹干的吧！"鑫鑫说："因为它离开了大树妈妈，它可能是死了！"孩子们听到这里，脸上都露出了伤心的表情。张老师说："你们看到绿色的松塔变干了，很伤心，我很理解大家的感受。关于这些绿松塔为什么会变干，我觉得你们大家给出的理由都很有道理。下面我们可以回家查找一下资料，或者问问爸爸妈妈，看看哪个理由是最正确的吧！"

（案例作者：王仲尧　涞水县赵各庄学区龙门幼儿园）

案例中的张老师接收到依依发现的问题后，没有将"绿松塔变干了"这么简单的答案直接告诉他，而是尝试站在孩子的视角，和他们一起进行观察，一起思考，一起感受。虽然在本案例中，看似发生的问题"松塔为什么会变干"并没有得到真正的解决，但是恰恰是在这样的情境中，孩子学会了如何去观察（看、摸、嗅），如何去分析（缺水会干、刮风会干、死了会干），如何去思考。而这正是他们学会解决问题的最重要的途径。

从"教师视角"到"儿童视角"的转变，要求我们不仅要学会"以幼儿为本"去思考问题，而且还需要认真思考"教师如何教"和"孩子如何学"的问题。在以外的传统观念里，很多教师在教育教学中最为关注的是"自己如何上好一堂课"，而现今，更让我们关注的是"孩子通过什么方式进行学"的问题。

为此，作为幼儿教师，我们一方面要认真贯彻落实《工作规程》中有关"游戏是对幼儿进行全面发展教育的重要形式"的规定，开展有关"课程游戏化"的研究，让孩子真正在亲身感知、真实体验、实践操作中获得发展；另一方面，也要在集体教育活动中，转变观念，从关注教师到关注孩子。如在某园的听课评课活动中，管理者就要求教师从"关注执教者的教学方法、教学完整性等"转变为"观察活动中孩子较为突出的表现并且记录"，如回答问题的孩子人次与人数，孩子主动发起的学习活动次数，执教中是否存在教师对个别孩子的关注，孩子的突发情况及原因、教师的应对方法，等等。观察内容从教师转为孩子，教师不仅了解了孩子当下的学习兴趣，而且还观测了孩子的学习方式与学习品质，为自己后续的课程生成及教育引导提供了有力的保障。

## 二、"自由"与"自主"之间的辩证思考

在当今"以幼儿为本"思潮的影响下，很多专家提出，要给予孩子自由，让他们能够按照自己的意愿自然生长。但是我们认为，"自由"并不代表"自主"，它

们之间有着本质区别。自由指的是由自己做主，不受限制和约束；而自主指的是自己主动，不受别人支配，也就是说遇事有主见，能对自己的行为负责。自由就像一匹脱缰的野马，寓意随心所欲，而自主是在规则的范畴下，做到自己行为自己管理，并能对自己的行为负责。

由此可见，自由的环境并不能真正培养出符合现代社会发展的人才，而给予孩子自主，才是我们所追求的目标。

那么，我们该如何界定孩子的自主？在我们日益强调师幼互动的今天，该如何在游戏中体现孩子的自主？教师又该以何种方式参与孩子的游戏？

以下有关幼儿区域游戏的观察案例似乎能够给出正确的答案。

### 案例 10-5-2　布娃娃生病了

时间：2021.06.13

观察幼儿：涵涵

观察地点："娃娃家"

观察者：孙老师

小班的女孩涵涵在区域游戏时间里选择到"娃娃家"玩。她抱起了布娃娃，重复把花裙子给布娃娃穿上再脱下来，刘老师观察到她的这种行为，便对涵涵说："涵涵，你的娃娃是不是生病了，你可以带着它去'小医院'找医生看一看。"涵涵看了看刘老师，迟疑了一下，对布娃娃说："老师说你病了，我们去看病吧！"然后抱着娃娃离开了"娃娃家"，去"小医院"了。

（案例作者：孙芳华　涞水县赵各庄学区白涧幼儿园）

### 案例 10-5-3　搭建楼房

时间：2020.11.10

观察幼儿：豆豆、天天、鑫鑫

观察地点：户外搭建区

观察者：徐老师

下午的区域游戏时间到了，大班的豆豆、天天和鑫鑫都选择了户外搭建区，他们想搭建一所美丽的幼儿园。三个孩子首先由豆豆执笔，一起商量着将幼儿园的设施布局绘制下来，然后就开始搭建。天天搬运搭建材料，豆豆参照图纸进行搭建，而鑫鑫会对搭建好的每个设施的细节进行调整（如把没有对齐的纸箱码齐，把用易拉罐搭建的水池摆出好看的弧形等）。刚开始，搭建工作很顺利，可是后来遇到了难题，因为突然间操场上刮起了风，被放置好的纸箱总是被风吹倒，三个孩子不仅忙着搭建，还需要把倒了的纸箱扶起来，虽然张老师也看到了孩子们的窘状，可是她觉得要尊重孩子，所以并没有进行干预。于是三个孩子一时间顾此失彼，很是狼狈。

（案例作者：徐彩虹　涞水县赵各庄学区龙门幼儿园）

## 案例10-5-4　区城游戏支持

时间：2021.05.24

观察幼儿：中班幼儿

观察地点：美工区

观察者：张老师

最近一段时间，幼儿园正在倡议班级用乡土材料开展游戏。为此，中班曹老师也搜集了很多乡土材料，如鹅卵石、小树枝、松塔等投放在美工区里。可是，在对美工区游戏观察以后，曹老师发现进入美工区的小朋友们还是做之前的一些游戏，如画画、做泥工等，好像对这些乡土材料并不感兴趣，只是看一看、摸一摸，并不能形成真正的互动。于是，曹老师又在美工区提供了一些用这些乡土材料制作的成品图片和实物，还提供了一些不同作品的制作方法步骤。孩子们被图片上新颖的作品吸引了，不仅进入到美工区游戏的孩子变多了，选择乡土材料进行制作的孩子也变多了。

（案例作者：张春静　涞水县赵各庄学区西角幼儿园）

通过对以上三个案例的解读，我们可以看到三位教师对于孩子的游戏采取了三种不同的态度。案例10-5-2中的刘老师看到涵涵在一段时间总是重复一种行为，就站在促进孩子游戏发展的立场上，用语言进行了干预；案例10-5-3中的张老师发现孩子们在搭建过程中出现突发状况，由于担心自己的干预会对孩子的游戏产生不良影响，选择了缄默旁观；案例10-5-4中的曹老师根据班级孩子对日常生活中司空见惯的乡土材料漠不关心的情况，适时提供了图片、实物等经验支持，虽然没有直接的干预与指导，却通过材料激发了孩子的兴趣。

由此可见，教师的观念不同，其采取的教育策略也会有所不同。同时，我们也可以看到，给予孩子自主，一方面需要教师学会等待，不要站在成人的视角去评判孩子的行为，另一方面，也提示教师，给孩子自主并不代表放手不管，在孩子的游戏过程中，当出现了他们解决不了的问题时，当看到当下的环境不利于孩子发展时，当他们求助时，我们还是需要进行适时、适度的干预与引导。

## 三、"客观描述"与"主观情感"之间的取舍

苏霍姆林斯基在著作《帕夫雷什中学》中这样写道:"一个好教师意味着什么? 首先意味着他热爱孩子,感到跟孩子交往是一种乐趣,相信每个孩子都能成为一个好人,善于跟他们交朋友,关心孩子的快乐和悲伤,了解孩子的心灵,时刻都不忘记自己也曾是个孩子。"这句话其实说明了一个道理:教师一定要满怀热爱地观察孩子,只有心中有爱,我们才能发现他们每个人都是一颗充满潜能的种子,才会将他们视为有能力的、自信的、积极主动的学习者。

然而在很多有关观察的培训中,我们经常会听到这样的语言"观察者必须站在旁观者的身份上,用客观的语言对观察到的现象进行白描,不能有任何的主观情感和臆断。"但是在实际的观察操作中,这样的标准我们认为是比较严苛的。因为作为与孩子们朝夕相处的教师,我们在看到孩子们操作玩具时的专注、克服困难时的勇气、同伴合作成功后的喜悦时,是无法置身其外的。

### 案例 10-5-5　原来胶棒也可以

时间:2019.05.23

观察幼儿:妞妞

观察地点:木工坊

观察者:王老师

注意:妞妞,今天,你和几个女孩选择在木工坊的"敲敲打打区"活动。你先选了一块方形的木板,然后把这块木板夹到台钳里,用锯子锯成了两部分,你拿起其中较小的长方形,说:"我要做一个小床。"你找到一根小木条,问我:"用什么可以把木条粘在小床上呢?"我摇摇头,表示也不清楚。你的眼睛开始在木工坊里进行搜索,你先拿起了双面胶,仔细看看摇摇头,又拿起透明胶,后来还是放下了。在木工坊的另一个区域"缠缠绕绕区",你发现了一支胶棒,就拿起来,打开盖子,将胶条在木条上使劲抹了抹,然后摁在木板上。你把木板翻过来,木条竟然没有掉下来,你惊喜地告诉我:"看,老师,原来用胶棒就可以粘住。"之后,你兴奋地拿着胶棒跑到正在锯木头的变变身边,对她说:"你的作品需要粘吗?用胶棒就可以,我能帮助你!"

识别:妞妞,今天你在木工坊里用自己的分析、思考来解决问题,我看到了你的主动与坚持;当你取得成功后,马上把自己的经验与同伴进行分享,我觉得你是一个令人尊敬的朋友。在寻找适宜的黏合剂的过程中,你总是能快速地对不同黏合剂进行判断,你的快速思考能力让我感到很欣喜。

图 10-7　锯开木板

图 10-8　用胶棒粘木条

图 10-9　成功粘住了

图 10-10　你需要粘吗

回应：妞妞，我觉得你是一个不怕困难、勤于思考的孩子。我想，我只需要等待和观察，并准备着被你下一个不同凡响的做法感动！

（案例作者：孙芳华　涞水县赵各庄学区白涧幼儿园）

　　通过对学习故事案例的呈现，我们可以看到学习故事的撰写不是为了寻找孩子间的差距，在其中看不到任何评判的成分，它更趋向于理解、认可、接纳每一个独一无二的孩子，重在识别孩子对什么感兴趣和能做什么，重在发现孩子是如何认识和理解周围世界的，如他们知道什么、能做什么、怎么做的并帮助教师思考我们能为他们做什么、提供哪些支持。我们认为，观察的本质并不是评价，而是支持；不是纠错，而是认可。用接纳的态度来发现孩子的学习过程，并带着爱和喜悦的心情分享他们的学习和成长吧！

　　在德布·柯蒂斯、玛吉·卡特所著的《观察的艺术：观察改变幼儿园教学》里有这样一句话：观察的目的是帮助我们学会真正地看见孩子。这种观察不以分析为目的，或对孩子或为孩子做什么，而是纯粹地尊重他们是谁和重视童年经验。

# 参考文献

[1] 阿尔弗雷德·阿德勒：《自卑与超越》，王晋华译，北京，民主与建设出版社，2016。

[2] 陈鹤琴：《陈鹤琴教育思想读本·活教育》，陈秀云、柯小卫选编，南京，南京师范大学出版社，2012。

[3] 成尚荣：《儿童立场》，上海，华东师范大学出版社，2017。

[4] 德布·柯蒂斯、玛吉·卡特：《观察的艺术：观察改变幼儿园教学》，郭琼、万晓艳译，南京，南京师范大学出版社，2018。

[5] 高杉自子：《幼儿教育的原点》，王小英译，上海，华东师范大学出版社，2014。

[6] 黑格尔：《美学》，寇鹏程译，重庆，重庆出版社，2016。

[7] J. 皮亚杰、B. 英海尔德：《儿童心理学》，吴福元译，北京，商务印书馆，1980。

[8] 凯兹：《与幼儿教师对话：迈向专业成长之路》，廖凤瑞译，南京，南京师范大学出版社，2003。

[9] 刘晓东：《儿童精神哲学》，南京，南京师范大学出版社，1999。

[10] 刘焱：《幼儿园游戏教学论》，北京，中国社会出版社，1999。

[11] 李季湄、冯晓霞：《〈3—6岁儿童学习与发展指南〉解读》，北京，人民教育出版社，2013。

[12] 罗恩菲德：《创造与心智的成长》，王德育译，长沙，湖南美术出版社，1993。

[13] 刘晓颖：《发现儿童的力量》，北京，北京少年儿童出版社，2015。

[14] 蒙台梭利：《童年的秘密：蒙台梭利早期教育译丛》，金晶、孔伟译，北京，中国发展出版社，2003。

［15］圣埃克苏佩里：《小王子》，李继宏译，天津，天津人民出版社，2013。

［16］苏霍姆林斯基：《要相信孩子》，汪彭庚译，北京，教育科学出版社，2009。

［17］苏霍姆林斯基：《帕夫雷什中学》，赵玮等译，北京，教育科学出版社，1983。

［18］孙瑞雪：《捕捉儿童敏感期》，北京，中国妇女出版社，2009。

［19］陶行知：《陶行知教育名篇》，方明编，北京，教育科学出版社，2013。

［20］徐爱萍：《精彩总在等待后》，载《幼儿教育》，2017（13）。

本书到这里，就要结束了。在前面的章节里，我们知道了什么是观察，什么是"儿童视角"，也懂得了幼儿教师最应该做的是什么以及应该如何去做。在剩下的文字中，我们想和大家一起聊聊我们的学习历程和思考。

在我国《指南》颁布以后，很多幼儿园管理者和教师将其认定为评价幼儿发展的唯一标准，甚至有的园所运用其中的某些指标对幼儿的发展进行测查，评判幼儿发展的优势和不足，还有的将测查结果与幼儿教师的教育教学水平挂钩。可以说，《指南》的颁布既给学前教育发展指明了方向，同时也为教师的工作带来了挑战。

而基于"儿童视角"的观察，将每一个孩子视为"有能力、有自信的学习者和沟通者"，鼓励和支持教师在观察中"发现每个孩子，看到每个孩子的闪光点"，并通过"注意、识别、回应"这一形成性评价过程来促进每个孩子的学习和发展，这样的理念与我国《指南》的制定愿景是不谋而合的，它为我们更好地贯彻和落实《指南》精神，提供了一个可借鉴的思维模式和行动参考。

那么，我们是通过什么方式让所有园所的教师都能对"儿童视角"下的观察进行深入、系统的了解呢？我们采用的方法如下。

## 一、构建无差别"学习共同体"

马拉古奇曾说："当一个孩子被观察时，这个孩子是快乐的——因为被成人观察近乎于一种荣幸。另一方面，一个善于观察的教师也对自己感觉良好，因为他知道他能够从这个情景中获得一些东西，转变一些东西，并且得到一种新的理解。"

其实，无论是孩子还是教师，我们认为每个人都有被他人看见、被他人关注的愿望和需求，当我们被看见时，观察者和被观察者，关注者和被关注者便开始建立了一种彼此认可、彼此认同的关系，而这种关系的建立，将会使人与人之间多了一份信任和理解，从而使彼此的关系更加亲密与和谐。

在此理念下，我们尝试在园所内创建无差别学习共同体，即"观察工作室"，在这个工作室中，每个成员的角色都是平等的，大家在召集人的引领下，旨在通过集体的智慧，促进每个教师在原有水平上提高。

工作室的成员源自园所中对幼儿观察感兴趣的教师，工作室的职责如下：①读书自学。工作室成员要根据召集人的要求，按时完成对相关书籍的学习，并做好读书笔记，以同伴互助的方式实现成员的共同成长。②专题研究。工作室成员要积极参加有关幼儿观察的各种研究工作，针对观察中产生的问题要及时进行记录和反思。③学习故事撰写。工作室成员每周要完成不少于1篇的幼儿学习故事，并面向工作室成员进行展示。④参加培训。工作室成员要积极主动参加各种专业培训，以促进自身专业水平的提升。

在工作室的研讨活动中，我们倡导"参与即学习"的理念，鼓励每个工作室成员逐一对自己所学习到的有关幼儿观察的理论进行分享，并对所撰写的学习故事进行交流，其他教师根据自己对观察的理解对同伴的分享和交流进行优缺点评价，通过思想碰撞，最后形成统一的认知，来帮助教师们不仅理解什么是观察，怎么写学习故事，还让教师学会了站在不同的角度、立场去思考问题，懂得了应该做有思想的教师，做有温度的教育。

## 二、营造开放式研讨氛围

工作室的成员源自自己的兴趣聚集在一起，为了实现统一的目标进行共同的努力。在活动中，我们秉持"参与即学习"的理念，希望在参与、对话和联结中，鼓励和支持每一位教师不断建构和发展自己对幼儿和教育的认知，在学习和实践中相互激发，在呼应中共同成长。

我们的研讨过程大致如下：

首先是学习阶段（1个月）。我们会邀请每位成员针对这一段时间内自己对图书的阅读发表个人的收获和思考，所有成员研讨和总结。

其次是实践阶段（3个月）。第一，我们会根据召集人所提供的视频资料进行分析，并尝试撰写学习故事。第二，我们会利用工作时间进行观察，并将自己观察到的幼儿行为撰写成学习故事，并拿到工作室活动中进行分享。在这个阶段，为了让教师们能更清楚地理解故事记叙的核心内容，我们采用彩笔标注的方法对教师进行训练。例如，你认为这段文字是孩子的言行，就用绿色的笔画出来；这段文字是教师对幼儿言行的分析，就用黄色的笔勾出来；这段文字是教师下一步的支持策略，就用蓝色的笔画出来；这部分是没用的或多余的，就用红色笔画掉。通过这种方式，教师们对学习故事核心内容的理解得到了强化，并习得了基本的撰写方法。

最后是总结阶段（半个月）。我们会对研讨做总结，然后请成员教师发表自己的学习感想，以进一步提升他们对幼儿观察和学习故事的认识。

通过这样的方式，我们真实地感受到了教师的变化，如孙芳华老师在研讨时就说过："之前我听到孩子们在活动室里大声说话，或者看到某些孩子做出调皮的行为，就觉得这是我培养的有问题，总觉得孩子们的常规不太好，总想着怎么让他们能听话一点，乖一点。现在，再碰到这样的问题，我就不会首先去想怎么改变他们，而是考虑他们到底想要什么。比如，我们班有个孩子，他平时总被其他小朋友告状，这个说他碰了自己，那个说他打了他一下，前两天，他还用积木把另一个小朋友的额头碰出一个包……在我们进行了有关幼儿观察的研讨后，我刻意地观察了他，发现他的眼睛特别喜欢看我。我和他聊天，和他一起玩积木，我才知道他特别想找一个好朋友一起玩，他的这些行为都是想引起他人的关注。这个案例对我影响特别深，我也真实地感受到只有走进儿童，才能真正了解他们的内心……"

### 三、期盼"永远在路上"的成长

在工作室的活动中，我们最常说起的一句口号就是"我们永远在路上"。因为工作室的每位教师学历水平不同，能力特点不同，基本素养也不一致。为此，我们在对待教师的专业化成长时，可以像对待孩子那样，尊重他们每一个个体，尊重他们的个体差异，做到"发现每一个，关注每一刻"。

卡丽娜·里纳尔迪曾经说过："学习并不是一个直线型的进程，而是由发展性的和可预见的阶段决定和确定的，是在即时的进步、停顿和后退的过程中建构的，有着很多方向。"我们在教师的专业化成长中，也发现了很多这样的问题，如在观察幼儿的学习时，他们有时候表现得很清晰、明白，而有时候又表现得迟疑、不知所措，这时候，作为管理者也需要对他们进行支持和帮助，并采取包容的态度进行等待。从幼儿的角度，学习是一个"我准备好了、我很愿意、我有能力去参与"的过程，我们认为教师亦如此。要想让教师能够积极踏上专业化成长道路，必须做好这三种工作。其中"准备好"指向的是学习动机，即内驱力。如果要想让教师对学习产生内驱力，首先是要让他们清楚这件事情的重要性和必要性，其次，是让他们感受到做这件事的价值，让他们觉得这是一件必须做到的事情。"很愿意"指向学习的互动性。我们必须创设更为宽松的环境，让教师能够与专家、同伴进行轻松地沟通，更有利于学习目标的达成。"有能力"指向教师的基本素养，这就不仅需要教师有扎实的基础知识，还要有全面的基本能力，如自我学习能力、良好的语言表达能力、反思能力、文字撰写能力等。

为此，在进行"'儿童视角'下的教师观察"的研究中，我们不仅要考虑学习文本的问题，还要考虑教师基本素养的问题。要立足于当下教师群体的基本特点，选择适宜的方式方法帮助他们进行学习，运用分享和交流提升他们对"儿童视角"及对"观察"的理解。

我们的教育事业与祖国的未来发展密不可分，与我们实现"中国梦"的期许密不可分。我们的教育教学要与时俱进，教师要不断学习，用知识来武装自己的头脑，用能力来提升自己的教学水平。

"问渠那得清如许，为有源头活水来"，只有不断地学习，我们教师才能永葆教育智慧。只有学习，教育的清泉才会永不干涸。所以，针对学习这件事，我们永远在路上。

栗艺文

2021 年 8 月于保定市教师进修学校